数字赋能乡村振兴丛书

数字赋能乡村文化繁荣发展

谭九生　赵友华◎著

湘潭大学出版社
XIANGTAN UNIVERSITY PRESS

总　序

纵观世界文明史，人类先后经历了农业革命、工业革命、信息革命。每一次产业技术革命，都给人类生产和生活带来了巨大而深刻的影响。习近平总书记向 2021 年世界互联网大会乌镇峰会致贺信指出，“数字技术正以新理念、新业态、新模式全面融入人类经济、政治、文化、社会、生态文明建设各领域和全过程，给人类生产生活带来广泛而深刻的影响”。数字时代，以 5G、人工智能、大数据、云计算等为代表的新一代数字技术日新月异，创造人类生活新空间，引领社会生产新变革，催生公众消费新业态，拓展国家治理新领域，极大提升了人类认识世界、改造世界的能力，正创造一个万物互联、万物上云、万物兼数的数字世界。为此，数字政府、数字城市、数字乡村建设成为各个国家推进的战略高点，正不断推进，整个社会加速数字化转型。在此背景下，科学回答好数字革命的“时代之问”、数字经济的“发展之问”、数字治理的“变革之问”，是依托数字推动国家经济社会高质量发展的基础和前提。因此，数字乡村既是乡村振兴的发展方向，也是建设网络强国、数字中国、智慧社会的重要内容。

党的十八大以来，以习近平同志为核心的党中央高度重视信息化工作，将网络强国、数字中国、智慧社会建设上升为国家战略，推动互联网、大数据、人工智能和实体经济深度融合，加快推动农业数字化、网络化、智能化。着眼于乡村振兴战略有序推进，国家出台了一系列政策文件，不断完善数字乡村建设政策支持体系。2018 年，中央一号文件《中共中央、国务院关于实施乡村振兴战略的意见》明确提出“实施数字乡村战略”。《乡村振兴战略规划（2018—2022 年）》提出，要夯实数字乡村信息化基础，加快物联网、地理信息、智能设备等现代信息技术与农村生产生活的全面深度融合。2019 年，《数字乡村发展战略纲要》进一步强调现代数字技术在乡村振兴中的拓展应用，明确分四个阶段实施数字乡村战略。2020 年，《数字农业农村发展规划（2019—2025 年）》提出新时期推进数字农业农村建设的总体思路、发展目标和重点任务。2022 年，中央网信办等十部门印发《数字乡村发展行动计划（2022—2025 年）》，为“十四五”时期的数字乡村建设做出了总体规划。

乡村振兴为新时代乡村建设擘画了美好蓝图，数字技术的快速发展则为乡村振兴提供了全新模式和发展机遇，数字赋能开启了乡村繁荣发展的新篇章。各地各部门积极贯彻党中央、国务院关于乡村数字化建设与发展的决策部署，抢抓农村农业数字化转型机遇，积极发挥数字赋能乡村经济发展、社会治理、民生服务、文化传承等方面的重要作用，促进农业产业链全面升级、农村社会全面进步和农民素质全面发展。数字乡村建设提速助力乡村振兴发展的不断深化，乡村数字基础设施建设全面强化，数字乡村建设的信息“大动脉”初步建成，农业农村大数据成为现代农业发展和乡村振兴的重要资源要素。信息技术在农业生产领域广泛应用，有力地助推农业转型升级。农村电子商务和新型农业的发展，催生了大批乡村新业态。在构建现代乡村治理体系过程中，数字技术发挥着重要作用，信息服务正全面渗透到乡村居民生活的各个方面。

当前，乡村振兴战略正深入推进，数字乡村建设也在如火如荼地全面布局。在乡村生产生活生态日益数字化的背景下，数字赋能乡村振兴秉承何种现实逻辑？具体表现为哪些业态与模式？未来应如何重点推进？这些问题都是摆在理论研究者面前的重要工作，不仅关涉到数字乡村建设系列规划能否切实落地，而且将会影响到乡村振兴战略实施的整体成效。有鉴于此，湘潭大学专门组织编写了“数字赋能乡村振兴丛书”，以国家政策规划为遵循，系统性地揭示数字驱动乡村振兴的内在逻辑，全方位地呈现数字赋能乡村振兴的整体图景，深层次地阐发数字乡村建设的破局关键，多视维地探索新时代乡村繁荣发展的数字进路。从而，希冀为各级乡村管理干部提供一套政策研读、模式借鉴、方法学习和路径创新的参考素材，使之能够以更加饱满的工作热情、更显前瞻的政策视野、更为充实的知识储备和更富成效的方案举措，积极投身数字乡村建设主战场，将数字乡村作为实现乡村振兴的重要抓手，着力提升乡村数字化、网络化、智能化水平，持续促进农业农村现代化转型。

从书立足新时代国家乡村建设发展新的历史方位，坚持中国特色社会主义乡村振兴道路，面向数字引领乡村高质量发展这一重大需求，紧紧围绕推进数字技术与农业农村深度融合展开谋篇布局。丛书按照构建乡村数字治理新体系、数字赋能乡村产业振兴和智慧农业发展、数字驱动乡村公共服务效能提升、数字赋能乡村文化繁荣发展、数字支撑法治乡村建设、数字重塑乡村社会关系和结构、推进数字乡村信息基础设施建设等主题进行编排，不仅涵盖了乡村振兴目标体系中产业振兴、人才振兴、文化振兴、生态振兴和组织振兴五个方面，同时勾勒出数字时代全面推进乡村振兴的现实指向，整体上顺应“产业兴旺、生态宜居、乡村文明、治理有效、生活富裕”的乡村振兴总要求。

丛书依托湘潭大学习近平新时代中国特色社会主义思想研究中心、湘潭大学乡村振兴与共同富裕研究中心进行策划、组织和编写，汇聚了湘潭大学管理学、经济学、法学和社会学等多学科领域的专家学者，是瞄准重大需求、紧盯学术前沿的一大标志性成果，是推进有组织科研的积极尝试。丛书历时半年完成初稿，期间多次召集团队成员围绕主题、框架、内容、体例、风格等展开研讨和磋商，并经编委会反复论证、修改和完善，最后由湘潭大学出版社审定出版。丛书编写始终坚持政治性与学理性相统一、理论性与现实性兼备、思想性与可读性兼顾，既提供全面系统的规划梳理和深入浅出的政策解读，又以透彻细致的学理分析诠释观点、提炼要旨和反思症结，并且注重语言上的亲和力和思想上的启发性，力求观点权威准确、内容通俗易懂、文风清新简洁。同时，本丛书援引数字乡村建设过程中的先进做法，介绍数字赋能乡村振兴的典型模式，结合场景实例说明农村农业数字化转型的趋势、特点和条件，旨在通过鲜活的现实案例为读者提供更具针对性的指导。在书稿体例上，每本书的文字叙述中都穿插了大量的案例配图，章节结构中设置了知识链接、典型案例和延伸阅读等内容板块，使整套丛书的行文形式更加丰富多样和活泼有趣。应该说，本丛书对于广大干部群众全面地了解农村农业数字化转型的政策形势，系统地学习数字时代乡村振兴的理论知识和实践经验，深刻地把握新一轮科技革命下乡村治理变革的发展方向等，都具有较好的参考价值。

在丛书付梓之际，党的二十大即将隆重召开，这是党和国家政治生活中的一件大事。我们党从成立之日起就把农民生活疾苦放在心上，始终高度重视“三农”问题，历代中央领导集体都对解决“三农”问题进行了不懈探索，形成了既一脉相承又与时俱进、既符合中国国情又体现农业农村发展规律的“三农”战略体系。党的十八大以来，习近平总书记对“三农”工作发表了一系列重要讲话，就数字乡村建设提出了一系列富有创见的新思想、新观点和新要求，为中国特色社会主义乡村振兴道路指明了前进方向。作为理论研究和高等教育工作者，我深深地为党团结带领亿万人民群众打赢人类历史上规模最大、力度最强、惠及人口最多的脱贫攻坚战，书写消除绝对贫困艰巨任务的伟大奇迹，创造减贫治理的中国样本，而感到无比振奋和自豪。我期待，丛书的出版能够为数字时代乡村振兴的理论研究和现实进路添砖加瓦，同时吸引更多的同仁投身这项事业，为开创数字乡村建设新局面，建设农业强、农村美、农民富的美丽数字乡村，最终实现全体人民共同富裕和中华民族伟大复兴的宏伟目标而积极求索。同时，由于时间仓促，关于数字赋能乡村振兴的政策解读和理论阐释仍有待深化，相关经验总结和模式提炼还有待进一步完善。希望湘潭大学继续聚焦深耕，力争推出更多更富现实指导意义的精品成果，为实现乡村振兴这一伟大使命提供理论助力。

《求是》杂志社原社长　　李　捷
中国史学会会长

2022 年 9 月

前　言

乡村振兴，文化先行。党的十九大报告提出，按照“产业兴旺、生态宜居、乡风文明、治理有效、生活富裕”的总要求实施乡村振兴战略。习近平总书记强调，“乡村振兴，既要塑形，也要铸魂”，“实施乡村振兴战略要物质文明和精神文明一起抓，特别要注重提升农民精神风貌”。2018 年 9 月，中共中央、国务院发布的《乡村振兴战略规划（2018—2022 年）》更是点明了乡村文化振兴在实现新时代农业农村现代化过程中的基础性地位和关键性意义。乡村振兴是乡村社会的全面振兴，必然离不开文化振兴，乡村文化振兴是乡村振兴宏大战略的重要组成部分和题中应有之义。乡村文化是乡村延续的根脉之基、乡村发展的动力之源和乡村振兴的精神之魂，文化振兴贯穿于乡村振兴的各领域各方面各环节，在培育乡风文明、传承乡土特色、承载乡愁愿景和陶冶乡民品格等方面具有不可替代的作用，能够为乡村振兴伟大使命提供坚实保障并注入持续动能。

数字时代迎来乡村文化振兴新机遇。习近平总书记向 2021 年世界互联网大会乌镇峰会致贺信指出，“数字技术正以新理念、新业态、新模式全面融入人类经济、政治、文化、社会、生态文明建设各领域和全过程，给人类生产生活带来广泛而深刻的影响”。当前，以大数据、人工智能、区块链等为代表的数字技术革命正席卷全球，并日益嵌入到我国乡村治理的各个领域和环节，深刻改变着乡村社会的运转形态。同时，国家层面高度重视乡村数字化建设，《中华人民共和国国民经济和社会发展第十四个五年规划和2035年远景目标纲要》提出“要建设智慧城市和数字乡村”,2021年中央一号文件强调“要实施数字乡村建设发展工程”,《2022年数字乡村发展工作要点》要求“充分发挥信息化对乡村振兴的驱动赋能作用”,《数字乡村发展战略纲要》《数字农业农村发展规划》《数字乡村建设指南 》等政策文件密集出台，乡村社会进入到全面数字化转型发展的新阶段。在数字乡村和乡村振兴双重战略驱动下，将数字技术作为乡村文化发展的有力抓手，灵活运用于乡村文化建设全过程，既是乡村文化振兴的内在要求，也是乡村文化振兴的必由之路，数字赋能业已成为助推乡村文化繁荣发展的新引擎。

数字赋能开启乡村文化振兴新篇章。数字赋能乡村文化振兴潜力巨大、前景广阔、大有可为，既盘活乡村文化的“存量”，又激活乡村文化的“增量”，为培育乡村文明风尚、赓续中华民族文脉、丰富乡村文化生活和促进乡村产业融合等提供多种优势。乡村思想道德的数字融入，有力地打造宣传核心价值观的数字平台、筑牢乡村思想文化的网络主阵地、实施村民道德建设的数字化工程，为乡村发展和振兴强根固本。乡村优秀传统文化的数字书写，促进了农耕文化的云端式迁移、乡村特色文化的新媒介传播、民族文化元素的数字化转译，使得乡村文化在传承和发展中历久弥新。乡村公共文化生活的数字营造，有助于健全乡村公共数字文化服务体系、做到乡村公共文化服务精准供给、广泛开展乡村群众在线文化活动，真正实现乡村公共文化服务的共建共享。乡村文化产业发展的数字引领,则致力于乡村文旅产品的云端“上市”、乡村文旅项目的线上推介、乡村文化品牌的网络营销和乡村文化市场的数字培育，以数字文化与数字经济的同频共振之姿引动乡村文化生产、传播和消费的产业新景观。数字时代,新的驱动力量、传播方式、内容样态和发展格局,绘就了乡村文化繁荣发展新画卷。

近年来，各地认真贯彻落实党中央国务院关于实施乡村振兴战略和数字乡村战略的决策部署，抢抓数字技术融入乡村文化建设的有利条件和宝贵机遇，积极发挥数字赋能乡村文化振兴的重要作用，乡村文化发展的数字化转型之路势头正猛。本书力求理论与实践相结合，从乡村振兴的现实背景和数字赋能的理论意涵入手，结合我国乡村数字文化建设的典型案例，完整地为读者呈现数字赋能乡村文化振兴多重向度的知识体系和现实图景，以期对早日实现数字时代的乡村文化繁荣兴盛有所裨益。

目 录

第一章
数字赋能绘就乡村文化繁荣发展新画卷

党的十九大提出乡村振兴战略，要求实现产业兴旺、生态宜居、乡风文明、治理有效、生活富裕。乡村振兴旨在实现乡村社会的全方位振兴，文化振兴是乡村振兴的题中之义和铸魂工程，并为之提供内驱动力。乡村振兴，文化振兴理应先行，乡村文化振兴构成了乡村振兴的文化面向。数字时代的来临，给人类生产生活带来广泛而深刻的影响，数字技术也日益渗透到乡村文化建设全过程，全面助推乡村文化振兴，数字赋能业已成为乡村文化繁荣发展的新引擎，有效实现乡村文化高质量发展。

第一节　乡村文化振兴：乡村振兴的文化面向

在精准扶贫与乡村振兴有效衔接、社会主义新农村建设全面推进的农业农村现代化征程中，不仅需要通过物质财富的创造与累积来夯实乡村振兴的经济基础，更加仰赖作为维系乡村生产生活精神纽带的文化力量，引领乡村振兴的发展方向。因此，在实现乡村振兴的历史进程中，需要对文化振兴予以高度重视，全面理解文化振兴的价值意涵、发展要义及其核心内容，从而更好地探索新时代乡村振兴的文化进路。

一、乡村文化振兴的价值意蕴

乡村文化振兴在全面推进乡村振兴过程中具有特殊意义，既是乡村振兴的重要组成部分，又为乡村振兴的整体实现提供精神动力，乡村振兴需要通过文化振兴来立心铸魂、成风化人。

（一）乡村振兴的题中之义

党的十九大提出了乡村振兴战略，并把其作为国家战略提到党和政府工作的重要议程上来。2019 年 3 月 8 日，习近平总书记在十三届全国人大二次会议河南代表团审议时提出："乡村振兴是包括产业振兴、人才振兴、文化振兴、生态振兴、组织振兴的全面振兴。"乡村振兴战略本就是一个科学规划的系统工程，其所擘画的是统筹推进乡村繁荣发展的总体愿景，包含多维目标体系，文化振兴则构成了乡村振兴的文化面向。由此可见，乡村文化振兴是乡村振兴的有机组成部分，其与产业振兴、人才振兴、生态振兴和组织振兴等具有同等重要的布局地位和战略意义，并在乡村振兴战略推进过程中对其他振兴目标的实现予以支撑。如若没有乡村文化的繁荣发展，没有精神文明和物质文明的共同推进，就难以实现乡村振兴的宏伟目标。从乡村振兴的总体要求来看，是要实现产业兴旺、生态宜居、乡风文明、治理有效、生活富裕，进而推动城乡一体、融合发展，推进农业农村现代化。文化振兴作为乡村振兴的重要构件，不仅直接与乡风文明的发展目标相契合，同时融嵌于乡村社会发展"五位一体"的总体布局，亦是乡村特色文化产业打造、生态人居环境建设和乡村社会有效善治的基础之所在。因此，全面推进乡村振兴，文化振兴是重要抓手，乡村文化振兴是乡村振兴的题中应有之义，并且能够为乡村振兴注入强大的文化动能。

（二）乡村振兴的铸魂工程

“文化是一个国家、一个民族的灵魂。”[①] 相较于政治、经济而言，文化则是人们在长期社会生活中的精神活动及其产物，既具体地体现为个体存在的社会成员之品性修养和道德操守，又整体地折射出全社会的精神风貌和文明风尚。没有高度的文化自信，就难能实现中华民族的伟大复兴，而没有文化的乡村，也是难以获得持续繁荣。乡村与城镇互促共生，一起构成人类活动的主要空间场域，新时代我国人民日益增长的美好生活需要和不平衡不充分的发展之间的主要矛盾突出地表现在乡村社会。“乡村振兴，既要塑形，也要铸魂”，乡村振兴既要看产业是否兴旺和生活是否富裕，注重物质丰裕和财富积累，更要追求乡村文明和精神充实。正如习近平总书记所说，“不能光看农民口袋里票子有多少，更要看农民精神风貌怎么样”。因此，需要以文化为乡村振兴铸魂，发掘传统优秀文化的价值底蕴和精神内核，发挥社会主义先进文化凝聚人心、引导风尚的作用，着力打造文化乡村，积极培养文明乡村，唯此才能真正意义上实现农业农村的高质量发展和农民的安居乐业。

（三）乡村振兴的内驱动力

乡村振兴战略作为新时代“三农”工作的总抓手，其目标指向是实现农业和农村的现代化，从根本上改变乡村产业凋敝、组织涣散、精神荒芜和人才流失等消极现象。客观上来说，改革开放以来我国经济社会发展的整体剧变过程在城乡之间形塑了现代化的双重景观。随着现代化步伐的拓进和城镇化进程的加速，乡村社会的既有运转模式

[①]《习近平谈治国理政》（第二卷），外文出版社 2017 年版，第 349 页。

面临冲击，陷入发展困境，不仅人口、资本日益向城市流入聚集，许多乡村大量流失作为发展支柱的青壮劳力，而且不断消解着传统文化的根祇。譬如，近年来“空心村”频现，不少传统民歌民谣和曲艺文化失传，乡村传统文化的传承与保护遭遇危机。与此同时，在乡村发展实践中，文化建设本身也是最容易被忽视的环节，这导致乡土社会中文化空心化和乡村群众精神空虚化的境况愈加严重，进而又造成更多的乡村治理问题。党的十九大提出的乡村振兴战略为乡村社会的未来发展指明了方向，更为乡村文化发展提供了广阔空间。在日益推进的乡村振兴实践中，必须把文化振兴作为根基，其决定了乡村振兴的基本走向。这并非仅仅是因为文化振兴乃是乡村振兴的必要组成部分，更为关键的是，文化作为涵养和改造人民群众的精神力量，始终贯穿于乡村振兴的全过程，只有文化实现振兴，产业振兴、人才振兴、生态振兴和组织振兴才会有精神依托，乡村全面振兴才能得到文化哺育并获得源源不断的发展动力。

二、乡村文化振兴的核心内容

在推动乡村全面振兴的战略背景下，促进乡村文化繁荣发展需要明晰振兴何种乡村文化，亦即，厘清乡村文化振兴的具体内容，这也是解读乡村文化振兴的基本价值内涵。对此，中共中央、国务院联合印发的《乡村振兴战略规划（2018—2022年）》明确指出：“坚持以社会主义核心价值观为引领，以传承发展中华优秀传统文化为核心，以乡村公共文化服务体系建设为载体，培育文明乡风、良好家风、淳朴民风，推动乡村文化振兴，建设邻里守望、诚信重礼、勤俭节约的文明乡村。”

（一）弘扬社会主义先进文化，加强乡村思想道德建设

推动乡村文化振兴需要积极构建以社会主义先进文化为内核的乡村文化体系，坚持以社会主义核心价值观为精神引领，注重乡村思想道德建设，从而树立乡村文明新风尚。乡村振兴的总体部署中明确提出了乡风文明的要求，而乡村文明的内在实质就是以社会主义先进文化为核心的乡村精神文明建设，要求在马克思主义理论指导下、中国特色社会主义的道路方向上和乡村振兴总体布局规划中，围绕社会主义核心价值观进行乡风文明建设。当前，我国乡村社会中存在着良莠不齐的多种文化样态，传统文化与现代文明彼此交织、本土文化与外来文化遭遇冲突、网络文化与现实风俗彼此映射，各种形态和价值属性的文化内容共存迭变，从而形成了复杂、多元和杂乱的乡村文化体系。越是在此种错综复杂的乡村文化生态环境中，实施乡村振兴战略，加强乡风文明建设，就越要坚定社会主义新农村的文化发展方向，积极弘扬社会主义核心价值观，促进崇尚科学、文明、健康、向上良好乡村社会风尚的形成，实现以社会主义先进文化铸魂化人的目标。

（二）赓续中华民族历史文脉，弘扬乡村优秀传统文化

中华传统文化在几千年的历史流变中不断传承、演进和发展，乡村则是中华民族优秀文化的基本载体，乡村文化构成了中华文明的基本底色。习近平总书记指出，“优秀传统文化是一个国家、一个民族传承和发展的根本，如果丢掉了，就割断了精神命脉。”[①]“要加强对中华优秀传统文化的挖掘和阐发，努力实现中华传统美德的创造性转化、创新性发展”。习近平总书记不仅对民族优秀传统文化的价值意义进行了精准概括，也点明了乡村文化发展的重要方向，同时高屋建瓴地回

①《习近平谈治国理政》（第二卷），外文出版社 2017 年版，第 313 页。

答了新时代乡村文化振兴应当振兴什么样的文化，以及如何振兴乡村文化等重大命题。中华文明源远流长，中华民族在乡土社会的历史变迁中积淀了众多文化遗产和文明瑰宝，留下了各式各样的乡村文化景观，而尊老爱幼、邻里和睦、守望相助等乡土文化准则等更是中国人千百年的行为规范，这些宝贵文化基因代表着中华民族独特的精神标识。乡村文化振兴是接续中华历史文脉的重要途径，必然包含对传统文化资源的传承和保护，从而为乡村优秀传统文化的振兴创造机遇；同时，通过对乡村传统文化的梳理与萃取，赋予其新的时代内涵，将会为新时代的乡村文化创造和发展提供不竭源泉，从而在守护和接续中华民族文脉的良性循环中，不断焕发乡村优秀传统文化的勃勃生机。

（三）健全公共文化服务体系，丰富乡村群众文化生活

公共文化服务体系是丰富人民群众文化生活，不断满足人民群众对美好文化生活向往的重要载体。在如火如荼推进的乡村振兴战略实践中，欲发挥文化引领乡村振兴的重要功能，则必须扭转乡村公共文化服务落后的局面，解决乡村公共文化服务体系存在的突出问题和短板，这对于满足广大乡村群众基本文化需求、提高乡村群众文化素质和稳定乡村治理秩序等均具有重大理论和现实意义。2018 年《中共中央 国务院关于实施乡村振兴战略的意见》提出“加强农村公共文化建设”，“实现乡村两级公共文化服务全覆盖，提升服务效能”。中共中央 国务院联合印发的《乡村振兴战略规划(2018—2022 年)》，明确要求“推动城乡公共文化服务体系融合发展，增加优秀乡村文化产品和服务供给，活跃繁荣农村文化市场，为广大农民提供高质量的精神营养。”可见，加强乡村公共文化建设，健全乡村公共文化服务体系，积极提供与城市均等的乡村公共文化服务是乡村文化振兴的必由之路。在此过程中，要积极依托政府主导的公共文化服务设施建设项目和各

类文化惠民工程，“按照有标准、有网络、有内容、有人才的要求，健全乡村公共文化服务体系”，不断拓宽乡村公共文化服务的生长空间，增进乡村群众的基本公共文化服务福利。同时，应当以乡村群众的文化需求为导向，激发多元主体活力，创新多种服务手段，注重乡村公共文化服务的优质化建设、精准化供给和高效化发展。

（四）开发挖掘文化资源优势，助推乡村文化产业发展

乡村文化振兴与乡村文化产业发展相辅相成。当前，文化建设与经济发展已呈深度交融之势，文化产业是乡村文化振兴的重要支撑。经济基础决定上层建筑，产业化是对文化资源的开发利用、文化市场的品牌凝练和文化内容的创新再造，乡村文化的发展振兴如果失去了产业的支撑，最终将会成为无本之木、无源之水。乡村文化产业属于乡村文化中的经营性文化部分，在乡村产业格局中是一种新兴产业，涉及经济发展和文化建设两个方面的内容。这种相互交叉、彼此共融的特点决定了，既要以文化的眼光整体布局乡村经济社会发展，又要以经济的视角长远审度乡村文化事业的兴盛之路。只有将文化与产业相结合，以文化激活乡村产业发展的内生动力，以产业创造乡村文化建设的经济效益，促进乡村文化与产业经济的融合发展、同频共振，才能助推乡村全面振兴，早日实现农业强、农村美、农民富的目标。针对乡村文化产业，《乡村振兴战略规划(2018—2022年)》指出，要“建设一批特色鲜明、优势突出的农耕文化产业展示区，打造一批文化产业特色村和文化产业群……培育形成具有民族和地域特色的传统工艺产品……促进文化资源与现代消费需求有效对接。推动文化、旅游与其他产业深度融合、创新发展”。因此，积极盘活乡村文化资源优势，发展乡村特色文化产业，助推乡村文化走上产业化发展道路是乡村文化振兴的必然选择。

三、乡村文化振兴的基本原则

文化振兴是乡村振兴的铸魂工程，既为乡村振兴提供内驱动力，又是乡村振兴的目标要求。在实现农村现代化和城乡一体化融合发展的时代背景下，推动乡村文化繁荣发展，必须有的放矢，在适应乡村社会生态和遵循社会主义文化建设规律的基础上，精准把握乡村文化振兴的基本要义和实施原则。

（一）在继往开来中创新发展

“人们自己创造自己的历史，但是他们并不是随心所欲地创造，并不是在他们自己选定的条件下创造，而是在直接碰到的、既定的、从过去承继下来的条件下创造。”[①]说明任何一种形态的文化都是在既往的历史中承继而来，通过漫长的时空演化和点滴积累，渐渐形塑和呈现在世人面前。鉴于乡村文化在中华文化体系中的重要地位，乡村文化的历史继承性显得更为突出，乡村文化振兴自然要接续历史文脉，保留乡村过去的文化基因。然而，乡村文化的承继并非一成不变地线性发展，其必然要与特定时空环境下的社会需求相适应和互动，是既往文化传统与当下现实生活交融的结果，能够反映出其他类型文化和社会实践对乡村文化传统的影响。因此，乡村文化振兴既不是简单地复刻传统，更不是粗暴地推倒重来，而是要从乡村文化发展的现实需求出发，在复兴乡村文化传统的基础上，推动乡村文化与时俱进地转化、改造和创新，不断赋予传统文化以新的生机和活力，为乡村振兴提供不竭动力之源。

① 《马克思恩格斯选集》（第一卷），人民出版社 2012 年版，第 669 页。

（二）在守望乡土中融合发展

不同类型的文化有着不同的产生环境和存续条件，乡土性是乡村社会独特的本质属性，乡村文化最大的特质就在于其乡土性，时刻散发着浓浓的乡土气息和乡村情结。这种乡土性是乡村社会通过长期的生产生活实践得以延续，包含乡村社会特有的地域文化、伦理价值、风俗民约和文化记忆等要素，承载着乡音、乡土和乡情，人们对此有着深刻的价值认同与情感留恋。城市是现代文明的重要标志，城乡融合是促进城乡现代化的抓手，但并不意味着要以城市化的单一标准作为衡量乡村发展的尺度，乡村文化自有其现代性价值。在城乡融合发展的背景下，乡村文化振兴的关键不是一味地去紧随城市现代化的步伐和迎合城市文明和风尚，而是要以乡村为本、以乡土为基、以乡民为主，在恢复和维系乡村情感信念和文化心理的基础上，积极地与现代价值和城市文明相融合，提高乡村文化与现代文化的对接能力，重建新的乡村精神和乡村理想。因此，乡土文化振兴必须保持乡村文化的乡土本色，在守望乡土中融合发展，避免城乡文化碰撞时的乡土性流失，从而陷入城市化、同质化发展的窠臼之中。

（三）在文明交流中镜鉴发展

2014 年 3 月 27 日，习近平在联合国教科文组织总部的演讲时提出：“文明因交流而多彩，文明因互鉴而丰富。文明的交流互鉴，是推动人类文明进步与世界和平发展的重要动力。”任何一种优秀的文化都不可能孤立存在，都必然要与其他文化交流，善于看到其他文化的长足之处并积极吸纳，不断增强自身的底蕴和厚度。乡村文化振兴有着丰富的理论内涵和鲜明的时代特点，既要求传统文化在现代文明体系中创新发展，又是乡土文化与城市文明的融合发展，同时诉求中华文明保持开放的姿态吸收世界文明的优秀因子。亦即，正确处理好本土文化与外来文化的关系，借鉴世界有益文明成果，吸收其他国家文化中可资利用的养分，实现我国乡村文化的更新与发展。当然，对于世界先进文明成果的镜鉴与吸收应当以乡村本土文化为本源和基础，尤其是要立足我国现实国情和文化传统，结合各地区乡土人情和文化风貌，择优祛弊，保持本土文化对外来文化的涵化和改造能力，使域外优秀文化能够在我国的乡村大地上落地生根，促进其健康和谐发展，更好地适用于新时代乡村振兴的发展需求。

（四）在一体推进中联动发展

协同联动发展是全面推进乡村振兴的必然选择。从内在结构来看，推进乡村振兴战略是一个系统工程，文化振兴是乡村振兴五大体系的其中一环。乡村振兴不是孤立发展，以实现农村农业现代化为目标的乡村振兴战略不仅仅是诉诸文化层面的单兵突进，而是指向乡村产业发展、组织建设、生态环保、人才吸引和文明风尚的统筹联动。因此，乡村文化振兴的实施需统筹考虑乡村振兴的方方面面，例如乡村经济的持续发展、乡村生态的宜居创建、乡村人才的队伍建设和乡村民生的提质改善等问题。既不能因经济抑或其他目标的短期追求而忽视文化建设的长远效益，也不能只求文化的畸形膨胀，仅仅偏重乡村文化的单向度发展。从外在结构来看，乡村振兴战略只是国家经济社会发展整体部署中的其中一项，乡村发展不可能单独推进，其所涉及的空间区域和内容事项必然与其他的重大战略规划有所交叉和重叠，例如京津冀协同发展战略、精准扶贫战略和新型城镇化战略等，乡村文化振兴的推进自然与这些战略部署紧密相连。故而，乡村文化振兴不可仅从乡村振兴视域出发，还要密切配合外部的多维战略部署，构建联动发展机制。

第二节 数字赋能：乡村文化繁荣发展的新引擎

2019 年 5 月，中共中央办公厅、国务院办公厅印发《数字乡村发展战略纲要》，强调："数字乡村是伴随网络化、信息化和数字化在农业农村经济社会发展中的应用，以及农民现代信息技能的提高而内生的农业农村现代化发展和转型进程，既是乡村振兴的战略方向，也是建设数字中国的重要内容"。随着数字技术的快速发展和数字乡村的加快建设，数字赋能成为乡村文化繁荣发展的新引擎，可以为乡村文化振兴注入更多科技力量。

一、数字技术的基本内涵、特点和功能

（一）数字技术的基本内涵

美国 IT 专家唐·泰普斯科特（Don Tapscott）将数字技术理解为利用通信基础设施实现信息技术高速、畅通传递的一种通用技术。一般而言，数字技术是指借助一定的设备将各种信息转化为电子计算机能识别的二进制数字后进行运算、加工、存储、传送、传播、还原的技术。数字技术以数据信息为基本要素，涵盖包括互联网、物联网、大数据、区块链、虚拟现实和人工智能等新兴技术。目前数字技术可按照功能分为三个层次：第一个层面是基础架构层。其中，互联网和区块链相当于是生产关系，云计算是生产力，大数据是生产资料。第二个层面是工具利用层。包括 AI、VR、物联网、人脸识别技术、人机交互以及 5G 通信技术等。第三个层面是应用实施层。比如，目前大规模运用到的智能居住系统、交通枢纽的人脸识别系统等都是应用层。数字技术有别于传统技术特征，使人类社会逐渐高度在线化和网络化，推动了整个经济社会运行方式改革更新。在微观层面，数字技术的使用提高

了获取信息的范围和速度，打通了信息壁垒，改变了传统的运作方式并催生出新的模式。在宏观层面，政府基于数字技术更新公共服务的供给方式，逐步拓宽各类公共服务的边界，让公共服务更精细、更普惠、更有效。

（二）数字技术的基本特征

数字技术的蓬勃发展与持续精进，在推动经济发展转型和社会文明进步等领域已展示出强大力量，这主要得益于数字技术的实时性、精准性、透明性、渗透性以及互通性等特征。

一是实时性。数字技术能快速应答外部任务的要求，在规定的时限内完成对任务的有效管理，并控制所有实时任务协调一致地运作执行。数字技术的实时性不仅依赖系统计算的逻辑结果，还取决于产生结果的所需时间，而计算机等设备的应用为其提供实现的可能。通过迅速准确处理和贮存控制系统所需要的大量数据，从而提高在预定时期内辨识和处理离散任务的能力，数字技术提升了应对任务的有效性和时效性。

二是精准性。数字技术能够根据不同对象的需求，提高内容、过程、评价等多环节的针对性，实现精准聚焦、精准把控、精准发力。数字技术的精准性具体体现在三大要素：精准识别、精准供给以及及时反馈。首先，依托于各类数字平台，数字技术能够对信息的浏览频率和线下终端的访问痕迹进行多维度、多结构的研究判断，从而精准分析多元化的需求及其动向。其次，数字技术通过构建需求模型，利用一定的算法高度精准地做出判断，以此为依据，结合不同需求推送个性化的服务，提升信息发布扩散的精度，实现信息与受众之间的双向感知和精准匹配。最后，数字技术能够对提供的数据进行分析，通过云服务的“满意度评价”模块能够及时追踪收集受众对供给的满意情况，并周期性地评估供给质量。

三是透明性。数字技术凭借“去中心化”“不可伪造”“全程留痕”“及时追溯”等特点，使获取和记录的数据更加具备可观察性和公开透明性，从而克服信息不对称的弊端，实现不同参与主体之间的协作信任与共同行动。

四是渗透性。数字技术以其迅速革新的特点不断扩宽认知边界而具有渗透性。数字技术带来的溢出效应促使人们摒弃传统的观点，通过运用互联网思维、数字化思维等，提升对技术升级重要性的理解认同，从而激发数字化内部动能，使生产、操作、管理等流程变得更加有效能、有效率，降低突破路径依赖的成本，不断提升创新创造水平，增强发展动力与韧性。

五是互通性。数字技术基于基础架构的数字化，可以实现资源的高度集成与聚合，进而通过基础的标准、规范和端口的统一，即物理层次的标准统一，在平台层面实现整个生命周期资源要素的链接和匹配。其运作逻辑在于依托数据的积淀，通过大数据技术分析和挖掘数据信息特征，进行专业处理，逐渐打破行业、产业边界，持续推进跨界融合创新。

（三）数字技术的基本功能

以新一轮科技革命和产业变革为契机，统筹推动数字中国建设，让人民群众共享数字红利，要依靠数字技术发挥其核心功能，分别是智能功能、链接功能和分析功能。

智能功能是指利用嵌入式硬件设施增强设备的智能特性，实现在低人工干预的场景下对数据信息的感知和提取，客体行为感知、动态资源分配和活动分级管理等智能化特征都可以在网络中实现，使特定应用场景呈现出结构柔性化、功能定制化、生产模块化和集聚数字化的新兴发展特点。数字技术能够通过不断开辟新的领域，推动价值链升级，实现内部一体化的运作，提高技术水平与劳动生产率的同时，减少了知识障碍，丰富了技能与知识存量。

链接功能是数字技术以通信网络与产品和服务之间建立联系，实现链接和重组功能。当前万物互联的发展趋势使数据以新的方式被生成和分析，信息和决策能够同步在整个网络中流转，过去离散的主体和环节将不断地被连接协同，线性的业务流程和产业链条也在被重塑，这种能力体现在可以和群众用户进行实时的大规模互动、将数据提供者、企业、消费用户等利益相关者整合于智能化服务平台，形成有效的信息互动模式、价值共创模式以及全要素赋能效应，实现去集约化、平台化、柔性化的新兴结构特征。借助数字技术的强大链接能力，有利于扩展规模和提供个性化服务，使越来越多的产品和服务得以以低廉的成本按需生产。

分析功能是指数字技术将可资利用的数据转换为价值性见解和可操作性能力。数字技术通过对物理世界到虚拟世界之间的虚实映射和逻辑交互，形成从物理数据感知、数据模型分析、智慧预警决策到精准施策的实时闭环处理流程，从而对分析对象进行精准画像，析出有关逻辑特征，真实刻画物理世界。同时，该技术还可以通过多维度、多时空、多方位模型准确掌握市场动态，及时了解风险动态演化，从而实现风险预警、风险化解与风险应对。因此，充分发挥数字技术的分析功能，有利于构建新兴模式，拓展全新维度，探索提质增效新机制。

二、数字赋能乡村文化振兴的主要内容

作为数字乡村的关键支撑，近年来，我国数字信息技术实现跨越式发展，不仅基础设施建设提档加速，而且推动乡村各领域业态转型

升级。数字技术在乡村文化发展事业中的大量应用，发挥着重要的赋能功效，助推乡村文化振兴各个方面的信息化、数字化与智能化进程。

（一）数字赋能乡村先进价值理念传播普及

先进的价值理念是乡村文化的精神内核，也是乡村文化振兴的灵魂之所在。大力推进乡村文化振兴，培育乡村文明风尚，最关键的就是要以先进、正向和积极的价值理念来铸魂化人。过去，囿于传播手段的有限和展示平台的短缺，很多先进的乡村价值理念和文化传统湮没在历史的尘埃之中，其现代价值也未能得到充分开发和利用。人们往往对其不甚了解，抑或知晓却很难对其意义加以深刻体认，尤其是年轻人对乡村传统理念的认同感更加趋于弱化，将之视为落后、保守和守旧的糟粕而置弃。数字技术的普及与应用为乡村正向价值理念的传播提供了全新的媒介渠道，并且构建出数字时代的乡村文化发展样式。人们既能够通过微博、微信等媒介了解到更多的乡村文化价值理念，还可以通过网络直播、短视频等方式参与乡村文化互动，从而构建起多元、立体、便捷、高效的乡村优秀价值理念传播网络。同时，借助VR、仿真等数字技术，乡村传统文化礼仪和风土人情能够更加直观地呈现给受众，并且以图片、音频和视听等生动活泼的多种方式传播开来，使得抽象的价值宣扬有了具象化媒介的支撑，提高乡村文化的传播范围和接受程度。

（二）数字赋能乡村优秀传统文化传承保护

乡村是我国文化遗迹的发源地，各具特色的传统村落和民族村寨、匠心独运的传统建筑和农业设施，以及剪纸、年画等传统工艺和戏曲、舞蹈等传统文艺均是农耕时代遗留下来的乡村文化资源。而现代社会的发展与城镇化步伐的加快，对中华民族优秀传统文化造成冲击，这些宝贵的乡村文化资源极易遭到破坏。数字时代的到来，将会改善乡村优秀文化资源的流失困境，并且使其重新焕发生机。数字技术不仅利用多元化的媒介手段为乡村地区提供各类传统文化资源，丰富乡村的文化内容供给，而且可以将传统的乡村文化遗迹迁移至云端网络，实现文化保护与传承的同时，进一步发掘和呈现传统文化资源的深厚内涵，使人们借助网络平台或相关技术设备即能够感受到乡村优秀传统文化的魅力所在。近年来，国家大力开展各类数字遗迹工程，各地也纷纷上线乡村数字文化平台，乡村传统文化有了更加便捷、稳固和有趣的资源载体。比如，数字乡村网页、数字敦煌工程和数字文化场馆等平台，以数据化的方式留存乡村记忆、讲述传统故事和呈现乡村历史，人们还可以利用虚拟、三维、全息等数字技术获得乡村数字文化场景的沉浸式体验，促进乡村优秀传统文化的传播普及和传承发展。

（三）数字赋能乡村公共文化服务共建共享

过去的乡村公共文化服务大多采用政府包干的建设模式，乡村普通民众在此过程中缺乏参与，不仅公共文化服务供给的规模受限和内容有限，而且效能低下，难以满足村民多样化的公共文化服务需求。《乡村振兴战略规划(2018—2022 年)》结合数字乡村建设，对健全公共文化服务体系作出要求，“……继续实施公共数字文化工程，积极发挥新媒体作用，使农民群众能便捷获取优质数字文化资源……”。通过完善乡村数字技术基础设施，大力发展各类乡村公共文化服务平台，能够赋能政府、企业、社会组织和村民多方合力共建乡村公共文化服务体系建设，促进乡村公共文化服务共建共享。数字技术实现了乡村公共文化服务建设和管理的信息化，政府部门、在乡村民和社会组织以及在外务工人员等多元主体都能够基于互联网平台展开及时的交流互动，及时了解乡村文化发展的现状和公共文化服务体系建设存在的问题，积极地提出建言和表达公共文化服务需求。同时，数字技术能够对乡村公共文化服务加以扩容增效，比如传统的线下农村遗迹资源通过数字化的转译，可供人们实时在线访问，使稀有的乡村公共文化资源得到最大限度的开发利用；各类数字文化馆、数字图书馆的创建和乡村数字文化共享工程的启动，让人们可以自由选择不同的乡村公共文化资源，实现精准服务。

（四）数字赋能乡村数字文化产业蓬勃发展

2021 年 6 月，文化和旅游部发布的《“十四五”文化产业发展规划》指出，要“坚持以创新驱动文化产业发展，落实文化产业数字化战略，促进文化产业‘上云用数赋智’，推进线上线下融合，推动文化产业全面转型升级，提高质量效益和核心竞争力”。乡村文化振兴需要以文化产业为支撑，而积极构建乡村数字文化产业，能够突破传统的乡村经济发展模式和文化建设思路，实现乡村产业与文化融合发展，为乡村振兴提供持续造血功能。以大数据、人工智能、5G 等为代表的新一轮数字技术革命在经济社会发展中释放出巨大的生产力，推动经济、政治和文化各领域深刻变革，数字乡村建设赋予乡村振兴新的机遇，乡村文化建设和产业布局也日益朝着网络化、数字化和智能化的方向发展，催生出乡村数字文化新业态。乡村数字文化产业是数字革命背景下乡村传统文化产业的转型升级，是一种新兴并呈蓬勃发展之势的乡村经济类型，其以乡村文化资源为依托，以文化创意内容为内核，利用数字技术来展开内容创作、产品生产、文化传播和服务消费。与传统乡村文化产业相比，数字形态的乡村文化产业能够克服市场规模有限、文化产品同质、文化创意不足等问题，改变原有的乡村文化产业要素配置结构，使得广大乡村地区获得文化生产与消费的新动力。

三、数字赋能乡村文化振兴的现实意义

新一代数字技术不断取得突破，在乡村文化的建设、传播、消费和保护等方方面面进行全过程赋能，为乡村文化繁荣发展提供强有力的基础支撑。

（一）扩大乡村文化发展的内容范围

在传统媒介时代，乡村文化建设的范围和内容较为单一。社会主义主流文化和乡村优秀价值理念难以通过多元高效的方式在乡村地区传播开来，民族优秀传统文化的保护和传承也受制于先进技术的不足，乡村公共文化服务的内容局限在乡村演出、农家书屋、传统节庆等方面，而乡村文化产业更是因产品单一、创意不足和品牌性弱等弊病缺乏市场扩张和竞争能力。数字技术的乡村嵌入，使得乡村文化的内涵日益丰富，乡村文化建设的外延不断拓宽，乡村文化发展的形式呈现出新的样态和形式。尤其是伴随着数字乡村战略的开展，乡村数字技术基础设施建设进程加快，数字技术在广大乡村地区纷纷引进和应用普及，乡村文化振兴在数字技术的加持下获得强劲动力。以大数据、人工智能和区块链等为代表的新一代数字技术，具有虚拟仿真、裸眼3D、智能识别、全息成像等多种先进的功能形式，这些新技术和新功能在乡村文化建设中的应用，催生乡村文化生产、传播、保护和消费的新样态，促进乡村文化内容不断丰富、乡村文化产品实时推送、乡村文化保护日益先进、乡村文化消费业态转型。数字时代乡村文化发展的新格局，有利于改变过去乡村文化发展滞后的境况，整体提升乡村文化的发展竞争力。

（二）实现乡村文化发展的跨界融合

乡村文化振兴不能囿于文化自身建设，必须与跨界联动，与其他领域要素加以融合，这样才能实现乡村社会的整体振兴。长期以来，乡村文化的渗透性不强，难与乡村产业经济深度融合，经常是“文化搭台，经济唱戏”，乡村文化沦为乡村经济发展的附庸角色；而且，这种浅层次的融合仍然停留在乡村文化产品的内部生产过程，所产生的乡村社会发展效益有限。跨界融合是数字技术最显著的特点，数字乡村的推进为乡村文化与经济建设的深度融合提供巨大发展空间。首先是乡村数字文化产业的兴起，能够以绿色、环保、共享的方式开发乡村文化资源，在增加乡村经济体量的同时，打造可持续发展的乡村数字产业形态和乡村文化发展模式。其次，数字技术可助推乡村文化产业及时地转型升级，提高传统乡村文化产业的数字化水平，通过乡村文化资源的 IP 化开发，凝练具有乡土特色的文化品牌，增强乡村文创产品的市场竞争力。再次，乡村数字文化产业可与乡村实体经济的深度融合，比如，将乡村数字文创与乡村旅游、农村电商等内容相结合，为乡村实体经济的发展提供文化支撑。最后，数字技术可以促进乡村文化与农业、教育、观光、健康等多领域的深度融合，集成式地应用数字农业、数字文旅、数字文创等要素，通过乡村文化意涵的渗透来提高其他领域产业的附加值，实现第一、第二、第三产业的融合发展。

（三）激发乡村文化发展的主体力量

农民是乡村的主人，推动乡村文化繁荣发展，乡村农民群众理当发挥至关重要的主体作用。农民的主体参与意识和参与能力是影响乡村文化建设成效的关键性因素，直接关系到乡村文化振兴能否有效实现。唯有积极发挥农民在乡村文化建设中的主导性力量，才能真正树立广大乡村群众的文化自信，为乡村文化振兴提供不竭动力。在过去的乡村文化治理实践中，往往是由政府部门单一主导，采用行政管理方式开发乡村文化资源、布局乡村文化产业和配置乡村文化服务，农民的文化主体地位遭到漠视。数字技术的在乡村文化建设中的广泛应用,极大地改变了乡村文化治理的传统格局。乡村群众可以借助数字化、网络化和智能化的信息媒介，广泛传播乡村优秀文化，扩大乡村文化的受众范围，亦可在数字技术的助力下采用生动活泼的艺术表达方式创新传统文化内容，并积极融入乡村数字文化市场。同时，依托数字技术构建的公共文化服务体系使得乡村群众可以在线、实时、便捷地获取乡村文化服务，及时地表达自身的公共文化服务需求，强化其在乡村文化治理的话语权和影响力，有效提高农民参与乡村文化建设的积极性和主动性，从而激发乡村文化振兴中的农民主体力量。

第二章

强根固本：乡村思想道德建设的数字融入

数字赋能乡村思想道德建设是发展社会主义先进文化的重要举措，是推动数字乡村文化繁荣发展的核心和灵魂。《乡村振兴战略规划（2018—2022年）》关于加强农村思想道德建设的内容主要有三个方面：践行社会主义核心价值观、巩固农村思想文化阵地和倡导诚信道德规范。数字赋能乡村思想道德建设应从以下几方面开展：一是坚持以社会主义核心价值观引领乡村思想道德建设，加强数字文化思想道德建设的价值引领和舆论引领，为更好地建设乡村思想文化营造风清气正的氛围。二是深入挖掘优秀乡村思想文化内涵，推动数字技术和乡村思想文化深度结合，丰富乡村文化意蕴和内涵，增强村民对乡土文化的认同感和自豪感。三是坚持从群众出发，以村民思想道德建设为中心，以数字技术为依托，教育引导广大群众自觉开展思想道德建设，逐步树立正确、进步的思想观念，提高村民思想认识水平和文化道德水平。

第一节　打造宣传核心价值观的数字平台

社会主义核心价值观是文化发展的灵魂，也是文化建设的重点，它决定着乡村文化发展的性质与方向。《乡村振兴战略规划（2018—2022年）》明确指出，践行社会主义核心价值观要坚持教育引导、实践养成、制度保障三管齐下，采取符合农村特点的方式方法和载体，深化中国特色社会主义和中国梦宣传教育，大力弘扬民族精神和时代精神。加强爱国主义、集体主义、社会主义教育，深化民族团结进步教育。注重典型示范，深入实施时代新人培育工程，推出一批新时代农民的先进模范人物。把社会主义核心价值观融入法治建设，推动公正文明执法司法，彰显社会主流价值。强化公共政策价值导向，探索建立重大公共政策道德风险评估和纠偏机制。借助数字平台传播新模式，根据网络传播规律，把社会主义核心价值观贯穿到爱国主义宣传、法制宣传、典型教育、公益活动实践中，大力弘扬主旋律，积极传播正能量，从而推动社会主义核心价值观在乡村落地生根，开创农村精神文明发展新局面。

一、互联网+爱国主义，凝聚价值共识

爱国主义精神是中华民族的重要精神基因，是中华文明的宝贵精神财富，是中华民族团结奋进的强大精神动力。爱国主义精神是社会主义核心价值观最深层、最根本、最永恒的内容，它承载了中国人民对自己国家及民族和文化的归属感、认同感、尊严感与荣誉感。在乡村开展爱国主义宣传教育运动，以社会主义核心价值体系引领爱国主义教育，关系到乡村振兴的发展，这是当前一项十分重要的政治任务，而这一工作的开展应当结合新时代数字化技术的应用。当下，借助数字平台的优势开展爱国主义思想传播，准确把握数字平台传播规律，通过创新爱国主义精神传播的方式，与时俱进，增强爱国主义教育的时效性。

（一）建构爱国主义宣传教育新话语

传统媒体对爱国主义思想的传播，本质上是对政治权利的一种表达，因而它具有政治性和规范性的特点。在农村开展爱国主义思想教育必须结合乡村群众的实际情况，与乡村群众的文化素质实际相适应，注意因材施教，这样才能彰显当代爱国主义精神的生命力。数字技术的发展推动爱国主义教育，逐渐形成了一种区别于传统话语体系的民间语言。网络媒体对爱国主义的传播，是用生动形象、通俗易懂的语言来阐述爱国主义思想的价值内涵，坚持以人民群众为中心的话语立场来传达浓浓的爱国情怀。同时，网络语言又具有生动性、简洁性、草根性的特点，它既符合网络时代爱国主义教育的特点，也极大地满足了乡村群众的需求。比如《新闻联播》入驻抖音、快手等平台，将“网感”和主流话语形式完美地融合在一起，受到了广大农民的青睐。

（二）开发爱国主义宣传教育新平台

传统的爱国主义宣传阵地主要是报纸、宣传栏等，随着现代技术的迅速发展，爱国主义宣传阵地也随之发生了迁移，各大传播载体把中华民族伟大复兴的中国梦、中国特色社会主义建设伟大成就、博大精深的民族文化经由网络深入乡村群众生活，将爱国主义精神传播给人民，为讲好中国故事和凝聚民众共识发挥了重要作用。目前，各级官媒开发了很多爱国主义教育网站，如人民网上所开设的强国社区、九一八纪念网站，中国爱国主义教育网等。基层组织通过建立独具特色的网上党校、网上团校等网站开展爱国主义教育。同时，广泛借用各种网络平台，如学习强国 App、媒体客户端、短视频等对乡村群众进行实时性的爱国主义思想教育，从而激发乡村群众的爱国主义情怀。

（三）塑造爱国主义精神传播新方式

爱国主义精神的传播历经了语言、文字、声音、图像和视频等载体形式。随着互联网技术的发展，爱国主义精神的传播最大限度地利用了传统媒介与互联网技术的融合，让叙事更加形象化、故事化，并且通过引起情感共鸣来克服传统理性灌输的缺陷。将爱国主义精神的传播融到以现代技术为特征的音视频中，作品更加生动形象，爱国主义精神也会更加深入人心。如“复兴路上工作室”制作的动漫短片《领导人是怎样炼成的》一经问世就迅速占领农村文化市场，赢得了广大草根粉丝的喜爱。随后，又围绕习近平总书记出访等重大新闻事件，制作出《跟着大大走》之博鳌篇、万隆篇、巴基斯坦篇及俄罗斯篇。这些短视频创造性地使用动漫风格讲述中国故事，以其亲和的语言艺术和独特的解释视角迅速在互联网上流行起来，成为村民开展党团支部活动的创新形式。数字技术为爱国主义宣传教育开辟了新的路径，是数字时代爱国主义教育的有益探索。

（四）形成爱国主义思想传播新模式

爱国主义精神教育要紧跟时代潮流，借助新媒体的技术优势对广大乡村群众进行爱国主义思想教育，突显爱国主义教育的时代性。利用数字技术进行爱国主义思想传播，是应对爱国主义教育时代发展的需要，也是应对全球化多元文化冲突的要求。积极构建新媒体环境下爱国主义思想教育新模式，根据当今社会的发展趋势，将线下爱国主义教育展览的场景内容转化为数字化信息，不断创新爱国主义教育内容。丰富爱国主义精神教育的宣传方式，实施爱国主义数字化工程，因时因势、因人因地推进红色旅游、爱国主义教育基地与网络传播的有机结合。

[典型案例]

“新时代 新经典”专栏奏响网上传播习近平新时代中国特色社会主义思想强音

“新时代 新经典——学习习近平新时代中国特色社会主义思想重点数字图书专栏”进一步优化升级，重点在专栏内容的呈现形式、深度推介、传播平台等方面进行丰富拓展。

专栏新增上线35种重点数字图书、101种重点有声书，涵盖习近平总书记的著作、讲话单行本、论述摘编，以及学习读本、思想研究、用语解读、描写习近平总书记工作生活经历的作品等，重点数字图书品种、形态进一步丰富，更加契合读者阅读新需求。专栏在“学习强国”学习平台首页显著位置，以导读、摘录、连载等方式，持续推介重点数字图书。此外，新增3家网络传播平台，传播平台达到19家，覆盖面进一步延伸。专栏上线以来，累计点击阅读量超过6亿人次。此次专栏优化升级，进一步适应数字时代网上出版传播新趋势，针对不同读者的认知特点和阅读需求，深入挖掘加工内容，创新传播方式手段，为网上学习习近平新时代中国特色社会主义思想提供了更加丰富生动的内容和便利条件。

（资料来源：《“新时代 新经典”专栏奏响网上传播习近平新时代中国特色社会主义思想强音》，新华网。）

二、智慧化+普法教育，彰显主流价值

政法媒体是社会主义核心价值观新闻宣传体系的重要组成部分，把社会主义核心价值观融入法治建设的全过程、各领域、各方面，既

是社会主义核心价值体系建设的必然要求，也是中国特色社会主义法治体系建设的内在需要。当前，随着信息技术的快速发展，利用数字平台的先天优势开展法制宣传教育，讲好法治故事、传递法制声音是政法媒体必须走的融合发展道路。在全面推进依法治国的背景下，积极主动适应新要求，不断加强司法信息化能力，全面实施“智慧普法”工程。数字赋能法治中国建设，为进一步加强数字时代的司法信息化能力，积极探索和推动数字技术与法制宣传深度融合提供了契机。

（一）搭建大数据普法平台

当前，普法功能类公共法律服务平台还存在着一些不足，例如，对法律服务部门的相关人员专业性要求较高，农民接受法律服务成本高、效率低以及服务未及时满足农民需求等，说明搭建大数据普法平台迫在眉睫。通过运用大数据技术，搭建大数据普法平台，可实现公共法律服务提质增效，以达到优化法治教育宣传效果。积极探索“智慧化 + 普法教育”新模式，将普法教育与新媒体的优势相结合，在充分利用抖音、快手等新媒体技术开展法制宣传教育的同时，以乡村群众法律需求为导向，打造智慧普法平台，切实提高法制宣传的时效性。大数据普法平台可以根据村民的需求和网络行为进行智能识别，精准推送普法学习内容。智能法律机器人可以在线解答乡村群众遇到的法律问题，帮助用户选填关键信息，智能生成法律意见书、法律文书、计算法律费用等，村民使用手机扫描下载即可使用，智慧平台成了村民身边的法律顾问。大数据普法平台的建立降低了法律服务成本，提高了服务效率，也帮助乡村群众了解了更多的法律知识，并在此基础上进一步实现了普法数字化目标。

（二）数字技术促进普法深度发展

依托数字技术，推进“互联网 +”普法的深入开展。在有效利用传统渠道进行普法宣传的前提下，充分挖掘大数据技术在法治宣传教育中的作用，即时动态收集、审查、分析村民的法治需求。要充分发挥微博、微信、抖音、快手等新媒体平台的普法功能，构建以新媒体为代表的普法新格局。通过典型案件推送，法律信息推广，法治咨询与法治视频展播，开设普法公众号、官方号，平台在线直播互动等方式，引导涉法舆论健康发展，实现法治信息的共享与传播，推进线上与线下法治宣传教育协同发展。积极围绕新媒体平台上乡村群众关注的热点话题，通过智能算法进行数据筛选、提取和分析，不断完善典型案例数据库，组织法律学术界和实务界人士运用通俗易懂的语言对案例进行权威解读，对村民的关注点加以针对性的解读。同时，通过新媒体平台向村民推送相关法律内容，消除村民对于法律适用方面的困惑和误解，增强法律认同感，从而产生良好的法治宣传效果。

（三）数字技术创新法治宣传教育形式

《中央宣传部、司法部关于开展法治宣传教育的第八个五年规划（2021—2025 年）》提出“充分运用新技术新媒体开展精准普法”，为数字化法治宣传教育的发展指明了方向。随着短视频、VR、AR 技术的广泛运用，数字技术结合传统普法形式，为普法教育提供了一个全新的形式。将晦涩难懂的法条，较为严肃、单一的电视、广播法治节目通过微视频、小剧场、VLOG 等新媒介进行宣传。从多维度讲述法治故事，将法律知识以更加生动形象的方式展现给乡村群众，增强普法覆盖面，提升普法时效性，从而达到更好的普法效果。要借助新的传播手段，通过结合政法宣传工作，运用 H5、海报、动图、音频、短视频等手段创新普法宣传形式，以实现普法效果的最大化和最优化。

[典型案例]

泰州市海陵区“三依托”推动智慧普法赋能“八五”普法

近年来，随着“八五”普法工作的深入和信息化社会发展，以互联网、大数据、人工智能为技术支撑的智慧普法新模式优势突显，泰州市海陵区科学发挥智慧普法的“乘数效应”，实现普法“换挡提速”。

依托大数据实现精准普法。2022 年 2 月，海陵区围绕“农民工学法宣传周”，基于大数据技术，借助抖音短视频，针对本地婚姻家庭、旅游、婚庆、家政、母婴等兴趣标签人群，实现为期一周的精细化、分众化、差异化普法宣传，取得了很好的宣传效果。下一阶段，海陵区将进一步探索精准勾勒普法对象画像，基于普法对象的性别、兴趣、身份等属性，通过行为习惯、交互数据、消费数据等开展多维度分析，由大数据系统自动标记用户标签，从而匹配对应的普法内容，构建全面、精准的普法对象多维标签体系。

依托新媒体实现“指尖普法”。海陵区开发海陵智慧法库云平台，融合在线学法、法律法规库、法治公众号链接、法治活动展示库、法治文化阵地云展厅等资源库，同时提供法律咨询、法律援助、调解预约申请等服务功能，让智慧普法触手可及；依托“法惠海陵”公众号、“海陵司法”抖音号，开设以案释法、小敏聊法、律师直播等专栏，通过抖音吸引普法微信粉丝，用普法微信引流普法抖音，构建立体化“智慧普法”矩阵；各成员单位广泛使用微信公众号、官方微博开辟普法专栏，有效建立起网络化、智能化、协同化的“海陵智慧普法联盟”。

依托人工智能实现互动普法。海陵区法院在微信公众号开辟“智能问答”栏目，智能机器人“小法”以“智能法律问答”的形式进行互动式普法，解答专业法律问题，充当诉讼引导员，帮助当事人熟悉立案流程，并引用法条、分析案情作出推理判断；海陵税务系统在纳税服务大厅投放法律服务AI人工智能机器人，提供智能语音普法问答、在线法律咨询、业务办理引导等服务，为群众提供高效、便捷的“互动式”普法宣传和服务。下一步，人工智能互动普法将被更多地应用于校园、景区、行政服务中心等人流集中的区域。

（资料来源：《泰州市海陵区“三依托”推动智慧普法赋能“八五”普法》，国际在线网。）

三、数字化+公益活动，促进知行合一

公益精神本质上就是一种奉献精神，公益活动是践行社会主义核心价值观的重要手段，是为了实现公共利益、进行社会财富再次分配一种社会性活动。数字平台作为公益活动传播和实践的载体，在公益活动开展过程中起着至关重要的作用。近年来，数字技术的飞速发展，已成为开展公益活动的重要助力工具。数字公益通过网络平台，为乡村群众参与公益活动提供了一种方便、快捷、有效的方式。以新技术推动乡村公益事业的发展，打造立体、全面的公益数字化体系，有利于提升全民公益服务，增进社会福祉。应该说，“公益数字化”既是一个趋势，又是一个使命，更代表着一种生态。

（一）数字技术推动捐赠形式变革

以往的线下募捐活动受到各种现实因素的限制，过程十分烦琐复杂，主要通过募捐箱逐一接收善款、人工清点募款额来完成。伴随着数字技术与公益事业的深度融合发展，公益捐款变得极具便利性和快捷性。在大数据技术应用的推动下，诸多公益项目上线公募平台，乡村群众一键便能使用微信、支付宝等应用程序进行捐赠，这极大地调动了乡村群众参与公益活动的积极性和主动性。依托互联网进行募捐，不仅实现了“一键捐赠”，而且捐赠完成之后就会留下痕迹。例如在腾讯公益平台上，每一个项目的详情页面都会找到这样的承诺：“本项目的捐款记录已被区块链永久保护。”大数据技术的广泛应用为提高慈善透明度创造了有利条件，大数据、区块链等技术使每一项每一分的慈善捐赠都留下可追溯性的记录。“数字化 + 公益”使得公益不等同于简单的捐赠，形成一个信息透明化、参与方便化、互动性高的常态化公益模式。公益和数字化的紧密融合，更新了乡村群众对公益的理解并激发其参与意识，形成公益网络化、全民化的良好局面。

（二）数字技术丰富公益活动形式

互联网技术与公益的结合，打破了传统意义上的献爱心模式，扩展了乡村群众参与公益活动的途径。可以利用网络公益活动的吸引力，号召更多的乡村群众参与进来，发挥提升网络媒体形象和促进社会公益事业发展的双重作用。随着移动互联网时代的到来，数字公益也迎来了精彩纷呈的新模式。对于公益慈善行业而言，互联网公益平台的出现，公益慈善从线下走到线上，公益门槛和成本大大降低，效益和成果大幅度提升。例如，腾讯公益平台发起的“99 公益日”，通过开展行为公益、家乡公益、爱心加倍卡、集小红花等活动，不断创新机制和丰富产品内容来吸引乡村群众参与公益活动。腾讯公益还在重庆举行主题为“乡村振兴”的首个地方性专场活动，活动根据地方特色设计，处处展示出浓浓的“重庆味儿”：吃火锅能做公益，项目页面换成“重庆皮肤”，百大 KOL 为重庆代言等，并且活动捐款将用于支持本地项目。在数字媒介的助推下，在线公益活动专场落地乡村地区，因地制宜结合区域特色，让公益文化普及更下沉、更亲民。

（三）数字技术催生公益新业态

在公益平台募捐之外，一种新的公益力量正在崛起。伴随着数字技术与公益活动的深度融合，公益活动面临着转型升级需求，进而不断催生慈善新业态，拓宽公益新边界，扩大公益的影响力。通过技术创新，以公益方式赋能传统行业解决社会痛点，进而实现公益目标，已成为与线上公益捐赠并重的新型公益业态。例如，腾讯数字公益开启的“可持续社会价值创新”战略和“共同富裕专项计划”战略，其边界是不断向基础科学、教育创新、乡村振兴、公众应急、养老科技等领域延伸，数字科技的内核是不断进行运算、组合，用精准的结果做出科学理性的决策。目前，在更健康、促平等、除污染、减碳排等领域，都能看到数字公益的身影。腾讯发起技术“公益创业”项目，为从事信息无障碍、应急救援、科技助老、生态环保、文化遗产保护等五大行业的公益机构等提供针对性的资金、技术和资源，并鼓励社会专业力量利用技术优势应对公益难点和社会问题。业态创新使公益慈善产生个性化服务，满足特定需求群体，让公益慈善力量深度参与解决社会问题。

[典型案例]

推动公益数字化发展
助力银发族享受数字化生活便利

2021年10月13日，重阳节到来之际，腾讯公益慈善基金会推出了一款专为老年用户打造的微信小程序——“银发青松助手”，帮助老年人更好地使用智能手机及应用，享受数字化生活的便利。区别于简单的“大字版”适老化改造，“银发青松助手”小程序为老年用户量身定制了多个互联网产品使用教程，比如“如何进行视频聊天”“怎么发红包”等，涵盖了社交、娱乐、出行、医疗等多个领域。教程通过图片、文字及音频三种方式相互配合，指引老年人学习使用互联网软件应用。同时，小程序页面也根据老年用户的使用习惯进行了优化，字体更大、功能更简洁、指引更清晰，进一步提升了老年人的操作体验。此外，“银发青松助手”小程序中还接入了健康码、行程码、生活缴费、点外卖、寄快递等高频使用的场景。用户不需要额外搜索其他小程序，只需在“银发青松助手”的“老友宝箱”界面，点击对应小程序即可一键跳转，充分满足老年用户的日常生活需要。当今社会，智能手机已经成为我们生活中不可或缺的一部分，视频聊天、在线支付、网上挂号……“一机游天下”成了很多人的共识。但对老年人来说，使用起来却有点力不从心。为了让老年人也能享受到数字化发展红利，2021年，工业和信息化部正式开展互联网应用适老化及无障碍改造专项行动，集中解决老年人在使用常用互联网应用、手机App时遇到的问题与障碍，帮助老年群体能用、会用、敢用、愿用智能技术与产品。腾讯技术公益希望凝聚社会各界的专业力量，通过技术探索公益慈善的创新发展。此次适老化方向的“银发青松助手”应用，让数字技术成为公益资源，推动公益数字化深度发展。“银发青松助手”从安全、健康、友好、包容多个维度评估产品的研发和设计流程，更好地帮助老年用户用上、用好智能机，在互联网世界中不再“沉默”。同时，为了更好满足老年用户群体的使用需要，“银发青松助手”设计团队还联合腾讯技术公益志愿者平台发起了“为天下爸妈写教程”志愿活动，面向社会广泛征集智能应用使用教程。此前，腾讯已经在适老化方面进行了许多探索。如针对老年人无健康码出行难的问题，腾讯助力各地健康码上线适老化功能；推出腾讯云金融虚拟营业厅，方便老人线上办理金融业务；以及跌倒检测、隐形护栏、火灾检测等技术公益项目。

（资料来源：《推动公益数字化发展 助力银发族享受数字化生活便利》，中国日报网。）

四、互联网+发现身边，发挥引领作用

社会主义核心价值观是相对抽象的概念，而道德模范却是形象立体的现实存在，树立道德模范宣传社会主义核心价值观，以此增强人们对理论思想的情感认同。通过传播道德模范的先进事迹和光辉形象，可以形成一种强大的感召力和凝聚力，促使人们自觉地传播和践行社会主义核心价值观，提高整个社会的公民道德水平。习近平总书记在河南省兰考县进行调研时指出：“我希望通过学习焦裕禄精神，为推进党和人民事业发展、实现中华民族伟大复兴的中国梦提供强大的正能量”。伟大时代呼唤伟大精神，崇高事业需要榜样引领。因此，要准确把握新媒体时代榜样人物形象传播的特点，充分利用新媒体技术刻画

道德榜样人物的特征，拓宽道德榜样人物宣传的渠道，创新道德榜样人物故事讲述的方式，传播真实与个性并存、践行时代精神的道德榜样人物，以榜样精神弘扬主旋律。

树立先进模范典型是宣传社会主义核心价值观的重要方式，是开展社会主义核心价值观教育的重要方法，在思想引领、组织教化方面起到了至关重要的作用。新媒体的迅速发展，使榜样宣传更加具有时代性和先进性。同时，道德榜样人物不仅是一种精神力量，更是一种精神财富，通过互联网传播能够潜移默化地影响着人们的生活。因此，网络时代道德榜样人物的事迹传播为人们指明了前进的方向，为社会凝聚了更多的正能量，引导乡村群众学习和效仿榜样人物。先进典型的推广常常是以典型的人物和经验为榜样，同时也期望先进榜样所体现的理念、价值和思考模式，对乡村群众的思想教育起到积极的作用，从而在整个乡村社会中形成一种强有力的思想合力和持续的精神力量。一个有效的宣传活动往往可以突出榜样在人们心中的印象，使之长久地留存在人们的记忆中，激发出人们内心灵魂深处的真、善、美。数字技术的应用为榜样教育和榜样宣传提供了更有力的支持与保障。

（一）数字技术提高榜样教育的时效性

与常规媒介相较而言，即时性、交互性是新媒介的主要特征，它极大地影响着人们获得资讯的途径和方式，先进典型的宣传要更加突出时代性和先进性特点。数字平台所具有的独特优势，为榜样力量的宣传提供了更广阔的传播空间和更迅速地传播速度。由于移动设备的普及，乡村群众接收和获取榜样教育的信息变得十分便捷。利用新媒体开展乡村群众榜样教育可以摆脱时间、地点以及人数的限制，这样就可通过数字技术手段实现榜样传播途径的优化，增强乡村群众榜样教育的时效性。

（二）新媒体创新榜样宣传的方式方法

近年来，各级政府部门高度重视道德模范的学习宣传工作。通过开设专题、专栏、专版，采用新闻报道、公益广告、专家点评、群众讨论等形式，大张旗鼓、浓墨重彩地宣传先进人物的感人事迹，宣传模范身上体现出的高尚道德理念和道德情操，在乡村营造出浓厚的宣传学习道德榜样的氛围。新兴媒体的出现不断改变信息的传播和接收方式，深刻影响着传播格局。例如，《共产党员手机报》开设了网络版道德模范节目专栏，有效地扩大了道德榜样事迹的传播范围。《人民日报》也紧跟全媒体时代潮流，加快升级和改造 App 客户端，开设了时代先锋栏目，让乡村群众轻松了解全国各界道德模范的优秀品质，强化了模范的示范作用。同时加强对不道德行为的监督，数字平台不仅要倡导道德模范的真、善、美，更要勇于批判社会的丑恶现象，抨击不良言行，以生动的图片和视频对社会上出现的负面典型加以批判，形成知荣明耻、惩恶扬善的浓厚舆论氛围。

（三）借用社交媒体建立榜样宣传平台

榜样示范可以借助媒介的舆论功能使乡村群众达成某种道德共识。在新媒体时代，短视频已经成为宣传正能量的重要方式之一。随着移动设备的普及，新媒体赋予了人们获得更多信息的能力，广大群众逐渐从传统媒体的限制中解脱出来。在大数据技术的支持下，碎片化传播能够将模范先进人物的事迹刻画得更为生动，更容易让乡村群众产生共鸣，从而促进先进人物正能量的传播。例如，在新媒体背景下，网红短视频以其“短、快、直接”的特征迅速占领农村市场，受到广大乡村群众的喜爱和关注，使乡村群众在潜移默化中得到教育和启发，引导乡村群众自觉向榜样人物学习。

[典型案例]

阜阳：全媒体联动宣传好人事迹 网络正能量诠释真善美

为充分发挥道德模范的榜样作用，传播社会正能量，建设美丽阜阳，阜阳文明网联合多家市级媒体，积极开设专题专栏，配合中国文明网《好人365》栏目的宣传推广，创新“道德好人”的宣传载体，在阜阳市营造了宣传学习道德模范、身边好人的浓厚氛围。目前，阜阳市已建成融合报纸、网站、微信、微博等多渠道、覆盖阜阳市的好人宣传报道平台，鼓励更多的市民崇德向善、见贤思齐。

用好传统媒体、权威媒体合力宣传。为了培育好人文化，弘扬好人精神，践行社会主义核心价值观，凝聚起推动好人精神的强大动力，阜阳市充分利用《阜阳日报》《颍州晚报》《阜阳城市周报》等主流传统报纸积极跟进宣传，《阜阳日报》开设好人专栏，每周定期一次刊登好人故事、评论以及网友博文，呼吁阜阳市市民知好人、学好人、做好人，获得了广大读者的好评。中国文明网开设《好人365》栏目之后，阜阳文明网每天都在网站首页要闻区对相关栏目、稿件进行重点推荐，并组织广大网友、评论员为《好人365》事迹撰写相关评论。

用好新媒体，从“微”处传播好人故事。除了利用传统媒体外，阜阳市文明办积极利用微博、微信客户端等新媒体，对《好人365》栏目进行推广，阜阳文明网官方微博每天转发并评论最新好人事迹，并积极引导广大网友转播评论，文明阜阳官方微信开设《好人365》专栏，图文并茂地发布好人事迹，引发网友点赞，通过利用新媒体矩阵效应扩大了宣传效果，让网友对《好人365》的关注度不断加大，多渠道的获取向身边好人学习的榜样，引导公众日行一善。此外，阜阳市文明办还组织开展文明单位的网络文明传播志愿者及网友每天定时转发《好人 365》微博，与身边的朋友、家人等分享好人好事，营造了“好人好事传千里”的舆论氛围。

网友点赞好人事迹，榜样影响力扩大。2019 年 1 月份“中国好人”点赞评议以来，阜阳市民在对王子洲表达钦佩之情的同时，纷纷表示要向他学习，王子洲一时间成为阜阳的网络红人，也成为助人为乐的代名词。王子洲的事迹也在网络上迅速传播，网友们纷纷点赞，发表感言。

（资料来源：《阜阳：全媒体联动宣传好人事迹 网络正能量诠释真善美》，阜阳文明网。）

第二节 筑牢乡村思想文化的网络主阵地

乡村思想文化是乡村群众在长期活动中创造出来的精神财富，是乡村文化传承和发展的精神动力。《乡村振兴战略规划（2018—2022 年）》明确提出，巩固农村思想文化阵地需要推动基层党组织、基层单位、农村社区有针对性地加强农村群众性思想政治工作。加强对农村社会热点难点问题的应对解读，合理引导社会预期。健全人文关怀和心理疏导机制，培育自尊自信、理性平和、积极向上的农村社会心态。深化文明村镇创建活动，进一步提高县级及以上文明村和文明乡镇的占比。广泛开展星级文明户、文明家庭等群众性精神文明创建活动。深入开展“扫黄打非”进基层。重视发挥社区教育作用，做好家庭教育，传承良好家风家训。完善文化科技卫生“三下乡”长效机制。随着大数据时代的到来，数字技术已渗透到乡村思想文化建设的方方面面，网络主阵地是当前做好意识形态工作的重要依托。守护网络主阵地不仅是数字赋能乡村思想文化建设的重要举措，也是推动社会主义文化繁荣兴盛和建成文化强国的要求。数字技术的迅速发展，为强化农民思想政治教育工作、引导社会舆论、开展精神文明创建活动、树立文明新风尚等方面提供了新技术、新业态、新平台，为乡村思想文化繁荣发展注入了新活力。

一、加强网络思政教育，夯实乡村发展思想文化根基

巩固农村思想文化阵地的首要方式就是加强农村群众性思想政治教育工作。在农村开展思想政治教育活动，是提高农民群众思想道德水平和加强精神文明建设的需要，是实现乡村文化繁荣发展的必要保障。习近平总书记在全国高校思想政治工作会议上强调，“要运用新媒体新技术使工作活起来，推动思想政治工作传统优势同信息技术高度融合，增强时代感和吸引力”。农村思想政治教育要想取得明显的成效，必须创新思想政治教育活动的载体和形式，同时充分调动农民积极性和主动性，采取寓教于乐的教育方式，让农民参与进来，进而提高农民的思想道德水平。

（一）大数据技术改变思想政治教育的方式

数字技术是数字时代开展思想政治教育工作的新载体和新手段，利用数字技术开展思想政治教育促进了思想政治教育方法的革新。在大数据的技术赋能下，思想政治教育的方法走向信息化和可视化。主要表现为：其一，随着大数据时代的到来，信息技术赋予思想政治教育工作更多的灵活性，并产生了良好的实践效果，例如思想政治教育的线上互动、远程指导等；其二，大数据具有可视化的显著优势，可以将抽象的理论知识转换成“可视”的图片和视频，在有效提升亲和力的同时，也增强了思想政治教育时效性。

（二）大数据为掌握乡村思想动态提供技术保障

强化大数据应用思维，及时了解限制农村思想教育效果的各种影响因素，有的放矢，通过在线提问、民意调查、心理咨询、法律服务、自主学习等应用平台，利用大数据收集功能进行分析和处理网络数据，让大数据思维成为思想政治教育的“活水源泉”。同时，借助大数据强大的在线交流和分析能力，通过农民在QQ、论坛、博客等社交网络发出的信息，全面感知农民的思想动态，预测和分析农民的个性偏好和心理需求等内容，有针对性地制定和规划思想政治教育的内容和方式，保证教育的精准性和目的性，着力提升农民的思想道德水平。

（三）大数据技术创新思想政治教育模式

数字时代思想政治教育工作的开展应以大数据为支撑，以立德树人为目标，建立思想政治教育的新平台。新媒体时代要探索运用人民群众喜闻乐见的沉浸式、交互性教育方式，开发农村思想政治教育网络课堂平台。目前，思想政治教育网络平台主要有以下几种：一是设置微博账号。很多农村基层组织开通了官方微博，通过官方微博发布相关信息，开展思想政治教育。二是开发微信公众号。目前，官方微信公众号已经成为农村媒体的标配，在传播信息、引导舆论、树立形象、危机公关等方面发挥着重要作用，它也成为农村中最有影响力和最活跃的宣传媒体。三是其它推送平台。很多地方也相继开通了各类自媒体官方账号，如“学习强国”上的“学习强国号”，“今日头条”上的“头条号”“人民网”的“人民号”等。四是短视频平台。随着短视频的迅速发展，乡村地区开始尝试制作短视频，纷纷在抖音和快手上开通了乡村官方账号。此外，还有一些其他平台，如B站（bilibili）也和乡村联合开通了乡村官方号。

VR 技术的场景化应用为农村思想政治教育方式的创新提供了强大的技术支持。随着大数据时代的到来，VR 技术的市场化应用场景逐渐进入思政教育领域。思想政治教育借助 VR 技术的再现功能、新颖的操作模式和独特的教育模式，让农民获得一种全新的沉浸式感受。基于 VR 技术开展思想政治教育工作是对农村传统的思政教育模式进行重新定位，“VR+ 思政”遵循了从平面叙事到立体场景、从用耳朵听到身临其境、从第三人称到第一人称的技术逻辑，在沉浸感、场景感、共情感等层面来赋能思想政治教育。比如，在“VR+ 思政”的应用中，可以通过快速投射出突发事件，从而对搜索到的网上舆论进行有效的引导；通过体验 VR 红色革命文化，可以对乡村群众进行红色精神的培养；通过对重大事件场景的重现，可以有效地增强乡村群众的政治认同感。

二、注重网络宣传引向，坚持乡村社会正确舆论导向

2014 年，习近平总书记在中央网络安全和信息化领导小组第一次会议上强调：“做好网上舆论工作是一项长期任务，要创新改进网上宣传，运用网络传播规律，弘扬主旋律，激发正能量，大力培育和践行社会主义核心价值观，把握好网上舆论引导的时、度、效，使网络空间清朗起来。”网上舆论引导离不开现代技术的支持。一方面，利用数据处理和分析技术，可以推动各类信息技术平台的开发，从而发挥分析、预测和引导网上舆论的作用。另一方面，利用大数据技术解构海量信息，通过对大量关联的数据进行处理和分析，实现对用户的态度和情感状况的监测，达到在传播初期能够监测敏感数据的效果。同时，通过分析数据关联性可以预测公共事件的未来发展趋势，从而科学地处理和应对舆论情况。

（一）创新服务平台载体，解决群众热点难点问题

基层组织要充分重视新闻传播和舆论环境的具体要求，抓好舆论工作，注重舆论引导，给乡村文化发展营造良好的社会心态和舆论环境。通过论坛、微信、微博、网络评论等网络媒介，以“网言网语”讲述“网事网情”，引导乡村群众共同探讨社会热点问题，关心社会议题，强化与村民的沟通交流，发挥网络舆论引导的人文关怀和心理疏导作用。积极开发官方微信、官方微博、官方网站等网络渠道，并配备专业的工作人员对群众反映的情况进行网上受理。协调各利益相关方的信息资源，充分利用新媒体的监督功能，形成线上线下、事前事后的立体监督网络。将数字技术深度融入突发事件事前、事中、事后的治理过程，采用系统治理、源头治理和突发事件调查等方法，实现对社会治理决策及其效果的全方位监测。

（二）健全常态监测预警机制，密切关注网络舆情动态

紧密结合现实需要，与主流传媒共同发力，积极地设置一些网络公共议题，提高舆论引导能力。建立完善的网络治理和监督机制，对网上舆情进行正确的指导，建立一个良好的网络舆论生态环境。牢牢把握现实形势，提高舆论监督信息化水平，利用现代信息技术，对互联网上的海量舆情信息进行归集、核实和分析，为准确研判和科学预警奠定基础。同时，要将大数据技术和突发事件预警相结合，提高舆情应急处理能力。在大数据时代，网络是舆情发酵的首要场所，大数据能够快速地分析出事件性质、发展速度、未来趋势以及群众的意见。在突发事件出现时，能够快速准确地划分舆情的级别，从而确定应对措施，科学判断、快速处理。

[典型案例]

广东“民声热线”创新平台载体
解决群众热点难点问题

党史学习教育开展以来，省直机关工委依托广东“民声热线”互动问政节目，增设“我为群众办实事”环节，开设“广东‘民声热线’访谈室”节目，推介省直机关简化群众办事流程、出台惠民便民利民政策、解决民生热点难点问题取得的成效。

瞄准“硬骨头”精准施策。广东“民声热线”微信小程序接到一位网友反映，村里围蔽公路收取停车费，涉嫌违法违规。随后，广东“民声热线”节目组前往当地调查，采访村内居民、租户、商户，并找到村委、交通部门回应“围村收费”合法性问题。广东省交通运输厅上线广东“民声热线”，上述调查短片播出。节目播出后，引发高度关注，省内多地群众反映同类问题。广东“民声热线”持续两个月跟进报道了有关地市存在的“围村收费”问题，追踪督促当地开展全面核查，及时报道整改情况。经过核查整改，多地城中村非法围蔽公路、违规收费等乱象得到有效治理，城中村物业管理更加规范。节目组也收到群众送来的锦旗，上面写着“维持社会公平，保护人民利益”。

民有所呼，我有所应。广东“民声热线”利用热线电话、网络平台、来信来访等渠道，搭建省直有关职能部门与乡村群众直接沟通对话的互动问政平台。针对农民工欠薪、“围村收费”、医保异地结算等社会关注度高、影响面大的“硬骨头”问题，节目组认真准备、精心设计，通过暗访曝光、节目问政、直播追踪、短视频等多种形式，积极推动问题解决。在这一过程中，暗访调查发挥着问政“利器”的作用。节目组深入基层调查，曝光与民生息息相关的焦点问题，触动上线单位的“神经”。在群众热线问政和媒体舆论监督的基础上，节目还邀请党风政风评议员现场对各上线单位解决民生问题进行点评，与上线单位领导当面“切磋”，推动相关职能部门解决在政策制定、办事效率、服务意识等方面存在的问题，以“钉钉子”精神跟进解决问题情况，提升群众的满意度。

搭建民生政策信息发布平台。广东“民声热线”不仅是互动问政平台，也是党和政府发布重要民生政策信息的“服务台”。党史学习教育开展以来，广东“民声热线”对节目进行及时调整。在节目中，增设“我为群众办实事”环节，由上线单位介绍本单位本系统开展“我为群众办实事”实践活动的好经验、好做法、好成果。

（资料来源：《广东“民声热线”创新平台载体 解决群众热点难点问题》，中国政府网。）

三、推动数字精神文明，开展乡村精神文明创建活动

农村精神文明创建活动是社会主义精神文明建设的重要组成部分，是改造农村社会风气、转变农村社会环境、提高农村社会文明程度的重要手段。推进农村精神文明建设，是巩固乡村思想文化主阵地的重要实践，是把社会主义精神文明建设的任务要求落实到乡村的重要载体和有力抓手。

2015 年 2 月 28 日，习近平总书记在会见第四届全国文明城市、文明村镇、文明单位和未成年人思想道德建设工作先进代表时提出：“当前，社会上思想活跃、观念碰撞，互联网等新技术新媒介日新月异，我们要审时度势、因势利导，创新内容和载体，改进方式和方法，使

精神文明建设始终充满生机活力。”近年来，新媒体迅速发展，为开展农村精神文明创建活动提供了更多的机遇，同时也提出了全新的要求。这就要求各地文明办积极利用新媒体平台，不断尝试最新、最热的宣传方式，从而让精神文明建设活动更接地气、更贴民心，成为提高农村精神文明建设活动影响力的有效手段。采用数字媒介开展农村精神文明创建活动，有利于丰富人民群众的精神生活，提升农民的精神风貌。

（一）通过开办新媒体注入宣传新活力

依托机构网站和微信公众号，进一步开通抖音、快手等新媒体平台，全面入驻“两微一端”和各类短视频、自媒体平台，实现全面推进精神文明建设新媒体宣传全覆盖。要重视新媒体宣传农村精神文明活动的作用，不断创新精神文明建设载体，比如美丽乡村宣传网，精神文明建设网等。这些平台在传播文明理念、宣传好人好事、引领农村良好风尚方面发挥了非常重要的作用，成为精神文明建设的重要网络阵地，为建设美丽乡村贡献了巨大的力量。

（二）运用网络平台拓展精神文明活动形式

各地文明办要积极组织开展各类精神文明活动，通过开设专题网页和活动展示平台，推出各种新的网络信息产品，积极筹办各类参与性高、互动性强的网络活动，同时结合线下活动的声势，互相促进、相互补充，极大地提高人们的精神文化素养。譬如，通过互联网平台开展“讲文明、树新风”网络精神文明宣传活动，监督曝光不文明现象等。通过在网络上开展精神文明创建活动，让网络成为宣传先进文明的前沿阵地，为乡村群众提供一个良好的公共文明传播平台，推动精神文明建设高质量发展。

[典型案例]

太原市晋源区打造大数据云平台为新时代文明实践赋能

晋源区新时代文明实践中心在山西省率先借助大数据技术手段，深度融合文明实践内容优势、活动优势与新媒体的信息传播优势和技术优势，按照“一网双平台（微信公众平台、大数据云平台），一体化调度、一体化运行、一体化传播”的思路建设新时代文明实践中心大数据云平台。该平台是集指挥调度、智能研判、供需对接、宣传展示、评估评价于一体的文明实践中枢，共分为 5 大系统 27 个模块，体现了晋源区新时代文明实践全流程、全要素、全方位管理的理念，达到了分层化指导、体系化执行、闭环化管理的水平，提高了精准化、精确化、精细化服务的能力。晋源区通过网站、微信公众号、大数据云平台三种途径，针对不同群众的需求，立足中心，发挥统筹、调度、指挥、展示的功能，延伸至各实践所、站、点。大数据云平台是新时代文明实践中心的“智慧大脑和神经中枢”，展示了新时代文明实践的全过程，包括阵地建设、活动项目、志愿服务数据、群众需求和资源的整合以及最后的成效评估，利用大数据进行全面管理，达到新时代文明实践工作全员化参与、全域化推进和全程化展示的效果。

（资料来源：《太原市晋源区打造大数据云平台为新时代文明实践赋能》，山西文明网。）

四、数字助推移风易俗，营造乡村社会健康文明风尚

移风易俗是社会文明进步的标志，是社会主义精神文明建设的重要内容，是推进乡村思想文化建设的重要环节。2019 年 6 月，中共中央办公厅、国务院办公厅印发《关于加强和改进乡村治理的指导意见》指出，“全面推行移风易俗，整治农村婚丧大操大办、高额彩礼、铺张浪费、厚葬薄养等不良习俗”。在农村要积极开展科学知识普及活动，弘扬先进科学精神。大力推进农村移风易俗，弘扬时代新风，抵制腐朽落后文化侵蚀。大力提倡积极参与健康的传统民俗文化和娱乐活动，反对封建迷信，抵制社会丑恶现象。这样，有利于营造健康文明的乡村新风气，促进乡村社会良好文明风尚的形成。

（一）打造移风易俗宣传的网络主阵地

新媒体的发展和应用，为推进移风易俗提供动力支持。用数字技术的优势拓展移风易俗活动宣传的形式，从而形成载体多样、渠道丰富的传播格局。结合本地村民使用新媒体的情况，运用互联网新媒体宣传移风易俗新理念，建立多样化、先进的移风易俗文化宣传平台，如精神文明建设网、中国文明网和各地方文明网。同时，创新融媒体宣传平台，运用县级融媒体中心宣传移风易俗，挖掘当地的历史文化、优秀民俗文化资源，以新颖的表现形式传递新思想、新理念，创造人民群众喜闻乐见的移风易俗创新性节目，不断提高乡村群众对移风易俗的认可度和实践力。在农村地区，要充分利用微信群、视频软件和直播平台等应用程序，展示培育文明乡风的典型案例，激发农民自觉开展移风易俗活动的积极性和主动性。

（二）打造移风易俗活动开展的网络主阵地

结合农村地区的实际需求，通过数字平台有针对性地开展农村移风易俗活动。一方面，利用大数据技术的深度挖掘和数据分析功能，为开展文明新风尚活动提供新技术、新手段，助力当地移风易俗活动的开展。比如，依托“互联网 +”，搭建祭扫、火化等活动的微信预约平台，全面推行移风易俗活动的网上预约制度。利用大数据的智慧化手段，拓展和深化移风易俗活动内容。另一方面，利用数字技术的优势将移风易俗活动紧密融到村民的日常生活之中。例如，利用数字电影宣传移风易俗，在电影的开头展示移风易俗的宣传内容，使村民接受到移风易俗教育，引导村民自觉摒弃陋习，逐步建立科学、文明的生活方式。“互联网 + 移风易俗”推动了农村陋习的改革，让新时代的文明新风深入人心。

[典型案例]

数字化改革驱动杭州“祭扫智治”新常态

杭州市人民政府为做好清明祭扫安全服务保障工作，利用大数据的优势，借助数字化举措推进移风易俗活动的开展，以改革清明祭扫活动为例，展示“互联网 + 移风易俗”活动的魅力风采。

第一，弘扬预约祭扫“新风尚”，杭州市以“便捷、高效、贴心”为前提，对预约祭扫系统进行全面升级。先后 3 次开展线上、线下问卷调查，回访群众预约体验，广泛征求对预约系统、管理方式的改进建议。在原有预约机制的基础上，明确了“市局统一组织、属地分头实施”的预约方式，确定了“削峰平谷、主动分流”的思路，将每天分割为5个预约祭扫时段，用进度条百分比的形式展现即时预约人数，为市民出行提供数据参考，满足了前期调查中86%的事先得知目的地比较拥堵愿意调整出行时间的群众，实现高峰期祭扫群众“被动集聚”到“主动分流”的目标。

第二，精密智控，形成无烟祭扫“新常态”。各殡葬服务单位利用智慧化方式拓展无烟管控方式，技防人防双管齐下，实现防烟控火全方位、无死角。南山陵园在监控全覆盖的基础上，通过热成像云台摄像机，实时监测区域内的异常温度，由中心控制室第一时间告知片区管理人员及时制止，墓区防烟控火成效显著；建德市桃坞公墓采取无人机编队战术，“一机滞空巡查、一机语音劝导”，集空中巡查和实时劝导于一体，全方位掌握300亩墓区、数万群众的现场祭扫情况，取得良好效果。

第三，数智交互，探索便民祭扫“新思路”。以智慧化服务打开思路，不断整合资源，拓展和深化便民祭扫服务内容，做到“服务”“数据”双向驱动，更大限度满足市民服务保障需求。一是“预约码”与“健康码”连通。祭扫预约平台实现健康码、预约码“双码互通”。市民预约成功后，祭扫当天仅需刷一次身份证或预约码，即可同步验证健康码状态，实现“掌上预约登记、刷码一次入园”，减少入园查验步骤，入园速度由原来的30秒到如今的1~2秒。二是“智能中控台”与“服务终端”连通。形成以“陵园信息化工作台”为中心，四通八达、辐射面广的智慧化服务网络：与智慧社区服务平台交互共享，点对点发送短信，精准宣传移风易俗、预约祭扫、网上祭扫等信息；与墓区自助服务一体机交互连通，在自助服务机终端实现墓区导航、自助缴费、信息查询等多种功能，为群众提供更多暖心服务。

（资料来源：《数字化改革驱动杭州“祭扫智治”新常态》，杭州网。）

第三节 实施村民道德建设的数字化工程

新时代提高人民思想觉悟、道德水准、文明素养，进而提高全社会文明程度，需要深入实施思想道德建设工程。加强村民思想道德建设，是发展社会主义先进文化的重要内容。《新时代公民道德建设实施纲要》提出“中国特色社会主义进入新时代，加强公民道德建设、提高全社会道德水平，是全面建成小康社会、全面建设社会主义现代化强国的战略任务，是适应社会主要矛盾变化、满足人民对美好生活向往的迫切需要，是促进社会全面进步、人的全面发展的必然要求”。利用数字化工程在农村开展社会公德建设、诚信建设、传统美德建设、农村教育建设，可以提高村民思想道德水平，进而提高全社会的道德素养，为社会主义现代化建设提供精神力量。数字技术开拓了农村思想道德建设的新视野，创新了思想道德建设的方式，提高了思想道德建设的实效性。

一、打造网络道德平台，加强社会公德建设

社会公德是存在于社会群体之中的道德，是社会生活中人们为公共利益的实现而约定俗成的行为规范，是维系社会公共生活和调整人与人关系的行为准则。《公民道德建设实施纲要》指出，“社会公德是

全体公民在社会交往和公共生活中应当遵循的行为准则，涵盖了人与人、人与社会、人与自然之间的关系”，其基本要求是文明礼貌、助人为乐、爱护公物、保护环境、遵纪守法。社会公德是村民道德建设的重要内容，对于社会主义乡村文明建设具有重要意义。利用大数据开展乡村社会公德治理，就是要在整个社会公德治理过程中运用大数据思维，利用大数据对社会公德的信息进行收集、传递、整合、分析和处理，解决社会失德现象，营造健康良好、和谐稳定的社会环境。

（一）树立大数据意识，创新社会公德治理理念

社会公德治理主体应树立强烈的大数据意识，充分利用大数据的治理作用，正确把握大数据与公德治理之间的关系，发挥大数据技术在社会公德治理领域应用的积极效果。结合当前社会公德治理的具体实践，在全社会培养起大数据意识，并营造大数据在社会公德治理中的应用氛围。通过政策宣传和引导，让村民充分认识和关注大数据的治理潜能和应用价值，促使村民积极主动接触和接受大数据的技术和思维，为大数据运作做好思想铺垫和理论建设，以此带动全社会利用大数据进行公德治理的良好氛围。

（二）创新大数据思维，建立社会公德治理平台

根据农村的现实情况，掌握社会公德失范的内在规律，利用数字技术，建构一个多功能、易操作的公德治理大数据平台。社会公德治理大数据平台是社会公德治理手段实施的载体，也是进行分析和处理社会公德数据的基础性平台。社会公德治理大数据平台的基本架构应当包括以下几个环节：一是数据获取，指使用各种终端产品，如电脑、平板电脑、移动电话和照相机，大量收集和传输结构化、半结构化和非结构化的数据。二是数据存储，指访问数据的交换、清理和过滤，

以便在数据资源中心有效存储。三是数据分析，指属性分析、精细分析和数据可视化，主要是数据趋势、数据指标、数据比较和数据分析等，以达到可视化的目的。四是数据呈现与利用，指将大数据收集到的信息进行全面显示，并实现高度准确的大场景指挥。

社会公德大数据平台的建设和运行，关系到大数据时代社会公德治理的实际效果，是大数据社会公德治理的重要内容。在大数据社会公德治理平台未出现之前，公共道德面临着违规成本低与行政治理成本高的矛盾，同时由于人力、物力、财力的限制，社会公德治理缺乏高效的应对措施。在社会公德治理平台建设和运行后，依托大数据平台的持续运行，社会失德行为的应对机制不断创新，规控社会不良行为的成本也明显降低，大数据平台的应用大大提高了社会公德建设的实际效益。

二、完善数字信用体系，推进村民诚信建设

诚信的基本含义是诚实、诚恳、信任、信用，包含两层含义：一是要以诚取信于人；二是要对人给予诚信。“诚信”作为公民基本道德规范之一，是公民道德建设的重点内容，“诚信”的价值意蕴经过不断深化和拓展，最终凝结上升为社会主义核心价值观之一。诚信是中华民族的光荣传统，也是我国传统道德中的核心要求，诚信建设是思想道德建设中的重要内容。随着数字技术的发展与应用普及，中国已进入大数据时代，诚信体系的构建要立足于大数据理念，理解乡村信用体系建设的意义，不断提高信用信息采集和分类的管理水平，优化信用数据平台，从而让守信者受益，营造出诚信、文明的社会氛围。

（一）构建诚信数据库

诚信数据的互通和共享对诚信体系构建至关重要。创新探索大数

据诚信治理的新路径，通过整合各村诚信数据，共享乡村开放数据，构建“大数据 + 诚信”数据库，为乡村诚信建设的管理和服务提供技术支撑。2016 年 4 月，习近平总书记在网络安全和信息化工作座谈会上指出，“打通信息壁垒，构建全国信息资源共享体系”。用大数据推进诚信体系建设，构建全国统一的诚信数据库势在必行。因此，要坚持中央统筹、地方落实的原则，在中央一级建立信用数据平台监督体系，完善信用主体统一规范与信用信息采集与分级管理的规范，地方相关单位在此基础上进行数据库的经营和管理。通过构建诚信数据库，建立村民信用档案，实现了数字技术与村民信用信息管理的融合，提高了农村信用管理的效率。

（二）落实诚信奖惩制度

运用大数据技术对乡村守信正向激励以及失信联合惩戒等方面进行改进。在守信正向激励制度上，要构建符合每个乡村实际特点的“诚信”积分体系，通过建立数据维度，并使用基于深度学习的预测方法来保证信用积分的公平性与客观性。在失信惩戒制度上，要建立失信数据归集制度，并且制定出失信划分的标准、惩戒的措施清单以及数据责任清单等，来实现失信信息的分类、共享和自动精准推送惩戒措施等众多功能。运用大数据技术建立诚信奖惩制度，对于构建乡村社会的诚信环境有着重要的意义。

（三）建立诚信网络平台

随着我国社会的快速发展，乡村社会也面临着诚信危机的挑战，为推动乡村社会有序和健康发展，应借助数字技术构建诚信社会。利用网络媒体和新媒介平台大力宣扬社会诚信行为，对乡村群众进行诚信伦理教育，培养乡村群众的自律精神。为了让每个村民了解自己的信用积分，应利用现代化、信息化的数字平台管理信用数据。例如，黄山市郑村镇运用大数据技术建立了“村微”数字乡村平台，就是将信用体系和数字技术进行结合创新，开发了村民信用积分收集、积分排行等功能，打造了集积分获取、展示和兑换于一体的“网上村民信用体系”。信用积分与数字技术创新结合的举措，有利于优化乡村环境，营造出守信光荣、失信可耻的浓厚氛围，为乡村诚信建设贡献了巨大的力量。

[典型案例]

吴江以诚信建设助推基层社会治理创新

乡村诚信建设是乡村治理的关键环节。近年来，苏州市吴江区积极创新基层社会治理方式，以震泽镇三扇村为信用示范村，试点推动村民诚信积分制管理制度，将信用管理机制引入基层治理环节，焕发乡村文明新气象。三扇村地处吴江区震泽镇，共有23个村民小组589户，曾获“江苏省健康村”“江苏省卫生村”“江苏省生态村”等称号。为进一步助力乡风文明建设，打造农村社会信用体系建设样本，2019年10月，吴江区以三扇村为信用示范村，将村民信用承诺履行情况、良好行为、荣誉表彰以及不良行为作为重要积分依据，探索建立诚信积分管理制度。

根据村民诚信档案积分规则，三扇村每户诚信基础分为100分，积极签订信用承诺书并切实履行承诺、参加志愿活动、荣获荣誉称号的村民，其家庭获得相应的诚信积分加分；而出现拒不履行信用调解协议、违规搭建房屋等不良行为的村民，其家庭在基础分上相应减分。“乡村是熟人社会，将无形守信正能量转化为可量化评价的积分，能够有力提升村民参与村部建设的积极性。”吴江区发改委相关负责人说，邻里之间相互比较，谁家都不想加分少、扣分多。在积分评价基础上，吴江区积极创新积分应用场景，以守信激励为主，引导村民向上向善、重义守信，每年积分排名前10%的家庭将被评为“诚信示范户”。获评“诚信示范户”的家庭将享受村里有线电视补贴、文明助农相关信用贷等村民福利；该户家庭成员可优先推荐担任村内职务，享受入党、入团、入伍优先推荐权等。为有效提升村民守法守信积极性，吴江区还探索建立诚信积分“一卡通”，将诚信积分记录在内以强化积分兑换实效。走进三扇村，村口醒目地立着一台“诚信积分兑换机”。借助“一卡通”，村民可在兑换机上将诚信积分兑换成牙膏、洗发露等生活用品。为让村民充分享受守信带来的便利，吴江区持续拓宽积分兑换范围，类似的“诚信积分兑换机”还分布在震泽古镇宝塔街景区内，来游玩的村民可将积分兑换成饮料、零食等。为进一步创新基层治理方式，近年来吴江区积极探索“互联网＋监管”，以信息化手段辅助基层监管。依托区级信用信息共享平台“信用小镇”子平台，吴江区为村民建立信用档案，并将村民信用承诺等信用信息记录在内。对信用承诺履行情况进行数字化管理，形成“承诺－履约”闭环监管，有效提高基层治理的效率和精准度。

（资料来源：《吴江以诚信建设助推基层社会治理创新》，信用中国网。）

三、深化数字教育改革，促进思想道德发展

发展乡村教育是思想道德建设的重要保障，也是创造美好乡村生活的出发点。乡村教育是指在乡村开展的各种正式或非正式的教育活动，旨在从教育村民着手，改进村民的生活，推进乡村建设和发展。乡村教育是我国教育事业中重要的关键环节，做好乡村教育有助于提升村民的整体素质。新时代，数字化技术的发展能够为乡村教育振兴提供科学化、智能化的强大动力。2018 年，中共中央、国务院颁布的《乡村振兴战略规划（2018—2022 年）》明确强调，把农村教育事业摆在优先发展的战略地位，以“互联网 + 教育”推进乡村学校信息化基础设施建设，优化数字教育资源公共服务体系。将数字化技术应用于乡村教育领域，是乡村教育振兴计划实施与推进的重要力量，对促进乡村教育发展具有重要意义。

就义务教育层面而言，思想道德建设应该从小抓起，从学校抓起。坚持立德树人，德育为先，围绕落实以德为本的人格教育的根本任务，把思想道德建设纳入国民教育的总规划，贯穿于学前教育、基础教育、高等教育的全过程，培育一代又一代有理想、有道德、有文化、有纪律的四有新人。未来人才的培养离不开信息技术，积极发挥数字技术在精准教学及学生综合素质提高等方面的作用。首先是要把思想道德建设融合到教书育人工作中，结合农村儿童身心特点和成长规律，深化未成年人思想道德教育，搭建乡村教育资源数字化平台，发挥课堂教学主渠道作用。深入开展各种网络主题教育和专题教育活动，深化和拓展农村思想道德教育的基本内容和活动载体。其次是要优化农村教育渠道和方式，通过补齐乡村教育网络信息基础设施短板，让农村青少年同样享受到平等的教育资格和条件。推动数字化服务普惠应用，促进教育资源要素数字化改革，以及基于网络平台构建数字化教育资

源公共服务体系，促进基础教育公共服务均等化和便捷化。

就农村职业教育层面而言，2019 年 1 月 24 日，国务院发布的《国家职业教育改革实施方案》提出“坚持以习近平新时代中国特色社会主义思想为指导，把职业教育摆在教育改革创新和经济社会发展中更加突出的位置”。乡村社会的发展要求乡村群众能够与时俱进，要在学习新的科技成果的基础上，把思想品德培养与专项农业技术培训结合起来。既能让他们掌握专业的农业技术，增强他们的专业素质，又能提升他们的道德修养，提升自身的思想道德素质，以满足农村社会经济发展的需要。同时要将农民的素质提高与农村的实际发展程度有机地联系起来，就乡村群众本身来说，要想提升自己的综合素质可以通过成人教育进行学习。例如，参加成人夜校、广播电视大学、网络远程教育等提升自身能力水平，更好服务于农村社会的发展。

[典型案例]

湖南创办网络大课堂推进思政教育数字化转型

近年来，湖南作为教育信息化 2.0 试点省，大力实施“互联网 + 教育”行动计划，遵循“方法重于技术、组织制度创新重于技术创新”的理念和“应用为王、实效至上”的原则，推进思政教育数字化转型，创办“我是接班人”网络大课堂，每周五、周六晚上全网全媒播出，组织全省中小学生共上一堂课，成为湖南学习量最大、影响面最广、实效性最好的数字化思政课堂，学习人次超过 12 亿，课堂被引入新疆、西藏等其他省区，做法被写进新华社“习近平总书记关切事”。

新资源赋能。运用现代数字技术和媒体技术，借鉴影视作品、综艺节目、网络流行作品，对课程进行媒体化、场景化、形象化创新，转化为可视、可感、可触、可互动的新资源，已推出86个专题、600余堂数字化课程，有效引导学生改变“追综艺”爱好、养成“追大课”习惯，不断树牢做社会主义建设者和接班人的理想信念。

大平台共享。通过数字化打破时空界限、突破学校边界，构建线上线下融合、校内校外打通的大规模在线思政教育平台，建立起青少年学生愿触及、爱停留的思政教育数字阵地。按照“应用为王、实效至上、平台支撑、开放共享”的思路，以湖南“互联网+教育”大平台为课堂基座，以学习强国、央视频、芒果TV、湘微教育、中国教育电视台、湖南教育电视台等为拓展平台，以学校、家庭、社会为应用场景，完善“云、网、端”服务架构，建立开放共享的生态合作机制，形成全媒、全网传播矩阵，构建“人人、处处、时时”可学的思政教育数字化支撑体系。

主课堂变革。通过网络化和数字化的思政教育，实现全省2.8万余所学校高水平思政课全覆盖，有效解决思政课师资不均衡、思政课“开不齐”“开不好”等问题，为落实“双减”政策、促进教育公平、提升教育质量作出积极贡献。

全社会协同。通过网络化支撑和数字化赋能，推进建立家校社会协同育人新机制。省委书记、省长亲自到网络大课堂为全省学生讲课，省政府将“我是接班人”网络大课堂写入“十四五”教育事业发展规划等政策文件，宣传、网信、广电、科技、文化、卫健、安全、交通、消防、团委、妇联等部门主动申请加入网络大课堂，搭建零成本、高质量、广覆盖进校园渠道，形成了上下一心、合力育人的格局。

（资料来源：《湖南创办网络大课堂推进思政教育数字化转型》，湖南省教育厅官网。）

四、创新美德传播形式，弘扬中华传统美德

村民思想道德的建设，必须继承中华传统美德文化，这是村民思想道德建设的重要内容，也是促进乡风文明、保护乡村传统文化的有效途径。中华民族传统美德是博大精深的中华文化的精髓，也是新时代道德建设的思想根基。中华民族传统美德是中国历代流传下来的、宝贵的道德文化遗产，它包含了优秀的民族品质、伟大的民族精神、崇高的民族气节、高尚的民族情感、良好的民族礼仪等内容，凝聚着中华民族的“形”与“魂”。所谓传统美德教育，即以中华民族传统美德为内容开展有计划、有组织、有目的的教育活动。传统的美德教育以人际传播和纸媒传播为主，传播路径相对来说较为狭窄，且传播效率较低，因此，利用现代网络新媒体进行传统美德教育方式的突破是势在必行的。网络新媒体有着传统媒体所不具备的天然优势，表现出传播速度快、传播方式便利、传播覆盖面广阔等特点，应该借助新媒体传播的这种优势，构建起多维度、立体式的德育传播机制，提高教育的实效性。

（一）拓宽传统美德教育的宣传途径

借鉴传统的美德教育经验，利用现代技术开辟多种传统美德教育的新途径：网络讲授平台，通过开设“空中道德讲堂”“网络课堂”等教育平台，在网络上向村民传授传统美德的知识，实现对传统道德课堂的全面升级。网络主题活动平台，在特定的传统节日或大型历史事件纪念日开展孝敬父母、诚实守信等专题教育活动，有利于增强村民的美德意识，树立良好的美德观念。网络自主学习平台，通过建立传统美德教育的资源库，提供各种传统美德教育素材供网民欣赏、学习、取用。如四书五经等古典书籍电子书库，古今中外的美德故事文库、

美德图片库、教案库、论文库、历史资料库、历史故事评书连载库、课件库等，推动美德教育方式的转变，激发村民接受美德教育的主动性。

（二）丰富传统美德教育的表现形式

以往的美德教育表现形式主要是书本、报刊、手抄报等，现代技术丰富了美德教育的表现形式，使美德教育变得更加直观和生动。现代美德教育的形式主要有以下几种：数字动画展现模式，可以通过制作三维立体动画短片开展美德教育，在短片的制作过程中，通过巧妙有趣的人物语言以及生动活泼的动画场景，深化中华传统美德的内涵，增强村民学习传统美德的主动性。可视化模式，实施多元化的德育教育展示方式，构建全方位、立体化的德育教育系统。新技术使传统的道德教育方式和经验发生了变化，运用现代智能科技和互联网时代信息 2.0 技术，加大 VR、AI 等虚拟设备的投入，实施交互式的道德教育方式。通过 VR、AR 等现代科技手段，将传统的美德教育和现代科技有机地融合在一起，与村民们形成了互动交流，让广大村民感受到数字技术赋予传统美德的魅力，让中华民族传统美德在数字时代大放异彩。

[典型案例]

温州道德馆VR全景项目

温州道德馆利用创景网络的虚拟现实技术，把道德馆“搬到”网上做展示传播，让每个人“零距离”了解接触温州道德馆，从不同角度与维度诠释、宣传温州道德馆。

VR 全景项目。VR 全景视频是在基于实景拍摄的基础上，把道德馆划分为 8 个区域场景，还允许人们在视频里自由移动观看道德馆（提供场景中任意位置的360度自由视角）。温州道德馆展品百余件，系统展示了温州道德现象的孕育土壤、传承载体和典型事迹。区别于实时渲染方式，VR全景不仅具备沉浸式体验和交互趣味性，还拥有轻量化、易于传播性、设备兼容性好、真实感强等优势。同时，VR全景视频结合温州道德馆的文化特点，对整馆进行系统性拍摄，还设置了养成教育、道德体验、道德讲堂等功能。更好地弘扬道德馆文化，让全温州人民足不出户也能有身临其境的感觉。

真实体验感。温州道德馆的VR全景视频就像一部记录历史的3D影片，无论何时何地，用户都可利用自己的碎片化时间对道德馆进行浏览，更全面、更方便地了解温州道德馆各个场馆环境，随意缩放的功能让用户置身于当前场景下。

交互趣味性。用户看温州道德馆VR全景时，可点击手机屏幕，随意放大缩小，任意挪动角度，随时切换场景，大大满足用户观看全景视频时的需求，增加趣味性。

（资料来源：《温州道德馆VR全景项目》，温州新闻网。）

第三章
历久弥新：乡村优秀传统文化的数字书写

保护和传承乡村优秀传统文化是乡村振兴的基础。2019年5月，《数字乡村发展战略纲要》指出，要不断“推进乡村优秀文化资源数字化，建立历史文化名镇、名村和传统村落‘数字文物资源库’‘数字博物馆’，加强农村优秀传统文化的保护与传承。以‘互联网＋中华文明’行动计划为抓手，推进文物数字资源进乡村。开展重要农业文化遗产网络展览，大力宣传中华优秀农耕文化”。2022年2月，中央网信办、农业农村部等部门印发的《数字乡村发展行动计划（2022—2025年）》进一步强调了加快推进历史文化名镇、名村数字化工作和完善中国传统村落“数字博物馆”建设的重要性。在乡村振兴战略背景下，以互联网、大数据、云计算等数字技术助力乡村优秀传统文化的保护、传播和转译，对实现乡村文化繁荣发展具有重要意义。

第一节　保护乡土文脉基因：农耕文化遗产的云端式迁移

农耕文化遗产是独特农耕生活方式的缩影，是乡风民俗、乡村道德规范的凝聚。要想传承乡村文化传统，必须首先对农耕文化遗迹进行悉心保护，这是实现乡村文化繁荣发展的重要任务。2022 年 2 月，中央一号文件《关于做好 2022 年全面推进乡村振兴重点工作的意见》指出，要“加强农耕文化传承保护，推进非物质文化遗产和重要农业文化遗产保护利用”。如今，随着科学技术的不断发展，互联网、虚拟现实、多媒体、大数据与云计算等智能技术为乡村文化遗产保护提供了有效手段。近年来，人们开始尝试运用这些技术将农耕文化遗产迁移至互联网云端。农耕文化遗产保护进入数字化时代。

一、农耕文化遗产的现实载体

农耕文化是中华民族五千年历史文化的根基，它凝聚了中国历代祖先在农耕劳作、生活交往过程中总结出来的生存经验和人生智慧，蕴含着古代劳动人民勤劳、淳朴、善良、真诚等宝贵的价值品质。保护和传承农耕文化，是延续乡土文脉基因、推动农耕文明不断发展的重要途径，是弘扬中华民族文化传统、实现乡村文化繁荣复兴的核心任务。保护农耕文化不仅仅涉及人们思想和观念意识层面的认知、理解和认同等思维活动，还需要人们采取实际行动。为此，2018 年 1 月，中共中央、国务院印发的《关于实施乡村振兴战略的意见》明确指出，要“切实保护好优秀农耕文化遗产，推动优秀农耕文化遗产合理适度利用。深入挖掘农耕文化蕴含的优秀思想观念、人文精神、道德规范，充分发挥其在凝聚人心、教化群众、淳化民风中的重要作用。划定乡村建设的历史文化保护线，保护好文物古迹、传统村落、民族村寨、传统建筑、农业遗迹、灌溉工程遗产。”

作为农耕文化的象征，农耕文化遗产的现实载体十分丰富。石声汉先生在《中国农学遗产要略》一书中将农业文化遗产划分为“具体物质”和“技术方法”两大类，其下又分利用自然、驯养动物、栽培植物、农业工具和土地利用等5个子类。在此基础上，王思明先生将农业文化遗产进一步细分为以下10类：农业物种、农业遗址、农业技术方法、农业工具与器械、农业工程、农业聚落、农业景观、农业特产、农业文献及农业制度与民俗，这其中既包括有形物质遗产（具体实物），也包括无形非物质遗产（技术方法），还包括农业物质与非物质遗产相互融合的形态。不难发现，农耕文化遗产的现实载体存在多种类型，既包括实体性的农耕器具、传统村落，也包括无形的农业知识、农耕艺术和民俗活动等。

厘清不同农耕文化遗产现实载体类型的意义在于，我们可以根据农耕文化遗产的不同载体形态，对其采取合适的保护方式。例如，对于历史文物农耕器械、农业遗迹和农业生产系统等，可以在研究考证的过程中对其进行揭秘和保护；对于传统建筑、古村落、古乡镇和具有民族特色的村寨，应在开发利用过程中进行修复和保护；而对于与农耕生活息息相关的乡村文学、民俗表演、民族节日和传统仪式等非物质性农耕文化遗产，则可以取其精华、弃其糟粕，有所选择地进行保护和传承。事实上，随着互联网、5G技术、大数据和云计算等智能技术的成熟发展，以上提及对不同类型农耕文化遗产的保护都可以以数字化的形式进行，即以云端式迁移的方式对农耕文化遗产进行保护。

二、农耕文化遗产云端式迁移的动力机制

在数字时代，对农耕文化遗产的保护应与时俱进，各主体应善于利用新兴科学技术手段对其进行云端式迁移和保护。“云端”意指网络，使用者可以随时浏览、获取“云端”上的资源，按其个人需求使用，不受时间和空间的限制。农耕文化遗产的云端式迁移，指的是运用互

联网、3D 打印、大数据、云计算等信息与通信技术，对农耕文化遗产的不同现实载体进行数字化存档、保存、复原以及共享，使不同类型的农耕文化遗产能够在互联网、数据库、云平台等虚拟空间实现永久性安全存储，以此助力农耕文化遗产的保护和传承。

为什么要对农耕文化遗产进行云端式迁移，其背后的动力机制是什么，这是新时代传承和保护乡土文脉基因面临的基本问题。关于此问题，可以从以下两个层面来理解。

从文化主体的角度来看，一方面，传统村落趋于衰落消亡，农村空心化、老龄化问题严重；另一方面，农村老一辈农民群体对农耕文化遗产有着强烈的情感寄托和文化需求。这两者之间存在张力，这种张力推动着人们寻求新兴科学技术对农耕文化遗产进行数字化迁移。近年来，随着现代化、城镇化的快速发展，大量的传统村落被改造，通过实施“村改居”计划，一味地求新求变，相对忽视千百年来村落共同体形成的文化传统和独特景观地貌，以至于乡村农耕文化传统难以实现良好传承。而那些未被纳入改造计划的传统村落，目前尚处于放任自流、无人看管的状态，其中大量有价值的农耕文化遗产难以得到有效的保护。与此同时，农村空心化、老龄化问题日益严峻。农村有工作能力的人口单向流入城市已成为普遍趋势，仅剩老年人和留守儿童守护他们的家园，发展乡村经济、建设乡村文化所需的人力资源严重不足，这自然会加剧农耕文化遗产无人保护和继承等问题。此外，在城镇化浪潮的影响下，农村的传统风俗习惯和价值规范正被都市文明消解和同化，大量农村青少年和外出务工人员群体对传统农耕文化的认同感降低，对农耕文化遗产的保护工作重视不够。

在传统村落趋于衰落消亡的背景下，农村老年人群体对农耕文化遗产的情感依恋和需求正呈现不断增强的趋势。一般来说，村民在农村居住时间越长，其对地方农耕文化遗产的了解程度越高。对于农村老年人群体而言，物质性农耕文化遗产，如古城镇建筑，是他们及其祖辈赖以生产生活和安身立命的地方，承载着他们共同的生活记忆。在古城镇中，村民们可以找到血脉的延续和精神的寄托。为满足农村老年人的文化需求、守护乡土文脉基因，对农耕文化遗产的保护刻不容缓。就农村老年人群体而言，他们有着强烈的农耕文化延续和保护意愿，但由于体力、精力和能力等方面的限制，他们对农耕文化遗产的保护心有余而力不足，加之农村劳动人口大量外流、农村经济发展滞后，农耕文化遗产的保护工作正面临人力和物力等多重因素的限制。在 2013 年 12 月召开的中央农村工作会议上，习近平总书记曾对红河哈尼族农耕文化遗产传承作了警示性指示："我听说，在云南哈尼梯田所在地，农村会唱《哈尼族四季生产调》等古歌、会跳哈尼乐作舞的人越来越少。不能名为搞现代化，就把老祖宗的好东西弄丢了！"面对此困境，以"互联网 + 中华文明"行动计划为抓手，以市场机制和政府支持相结合的方式，鼓励扶持文博单位和各类市场主体充分利用互联网、大数据和云计算等智能技术对农耕文化遗产进行云端式迁移，是传承农耕文化、保护乡土文脉的重要举措。

从农耕文化遗产保护方式的视角来看，人为看管与修复、口手相传等传统保护方式存在一定的局限性，前者受制于气候和环境变化且存在人为损坏的可能性，后者则易于受到时间和空间等因素的限制，导致农耕文化遗产保护和传承难以实现预期效果。随着科学技术的不断发展，大数据、云计算和互联网等智能技术可以为农耕文化遗产保护和传承提供技术支持，这些技术赋能是实现农耕文化遗产数字化保护的重要动力来源。与传统的人为看管与修复方式相比，数字化技术具有高度的还原性，在准确收集农耕文化遗产基础数据的基础上，借助 3D 扫描设备，对物质性文化遗产载体进行 3D 建模和仿真模拟，便可实现传统村落空间布局和内部构造的数字化还原和存档，甚至能够对那些存在破损的文化遗产进行数字化修复。此外，通过将农耕文化遗产数字化建模结果储存到互联网平台，运用 3D 虚拟现实技术，人们可以克服时间和空间的限制，借助手机和电脑等智能设备，便能在“云端”身临其境地感受农耕文化的历史积淀和独特魅力。由此，农耕文化遗产的云端式迁移不仅能够节约农耕文化遗产保护的人力、物力和时间成本，还能促进农耕文化的传播，是对农耕文化遗产传统保护方式的重要补充。

2013 年 12 月 23 日，习近平总书记在中央农村工作会议上发表重要讲话时提出：“农耕文化是我国农业的宝贵财富，是中华文化的重要组成部分，不仅不能丢，而且要不断发扬光大”。在传统村落日益衰落、农村空心化问题日益严峻的背景下，传统农耕文化遗产保护方式难以发挥作用；为保护农耕文化遗产、传承中华优秀传统文化，应充分利用数字技术的技术优势，对农耕文化遗产进行数字化保护，将其迁移至互联网云端，以延续其生命力。正如《数字乡村发展行动计划（2022—2025 年）》所指出的，要“深入推进乡村核心文化资源数字化。汇集乡村文物、非物质文化遗产、地方戏曲剧种、农耕文明遗址等数据资源，丰富中国文化遗产标本库，实现乡村核心文化资源的数字化保存”。

三、农耕文化遗产云端式迁移的应用层次

云计算是农耕文化遗产云端式迁移的核心技术。云计算不是一种全新的网络技术，而应当被理解为一种全新的网络应用概念，其核心内涵是以互联网为中心，在网络云端上为客户提供快速且安全的数据存储与计算服务，让每一个使用互联网的人都可以获取和访问网络上的庞大计算资源与数据中心。云计算的基本原理在于，通过利用远程服务器集群和存储集群，将其虚拟化为分布式的计算资源和存储资源，

并为互联网用户提供计费服务，使用户可以根据需要动态使用计算资源和存储系统。云计算具有很强的计算能力与扩展性，能够为客户提供全新的服务体验，用户只需通过访问互联网就可以获取海量的数据资源。

与传统的网络应用模式相比，云计算具有以下技术优势和特点：

虚拟化技术。虚拟化技术是云计算最重要的核心技术之一，它能够突破时间和空间的界限，打破物理平台和应用部署的区隔划分，合理地调配计算机网络资源，实施网络架构动态化管理，进而实现物理资源的数据备份、云端迁移和扩展，并对其进行集中管理和使用。运用此技术能够建构虚拟现实，即一种在新的媒介中由计算机生成的虚拟环境。人们可以通过穿戴各种特殊装置设备将自己置身于该环境中，根据个人主观意愿对环境进行操纵和控制，以满足其感官体验目的。

分布式数据存储技术。通过将数据存储在不同的物理设备，利用多台存储服务器分担存储负荷，云计算不仅能够保证数据的真实、可靠性，还能快速、高效地处理海量数据。由于分布式网络存储系统一般采用可扩展的系统结构，一旦数据存储空间不足，可随时增加相应的存储服务器，因而云计算具备无限的数据存储能力，且具有较高的灵活性与扩展性。

按需部署、按需访问。计算机内置种类丰富的应用程序软件，这些软件由不同数据资源库作为支撑。因此，用户运行不同的应用程序必然离不开相应的计算能力，以对数据库资源进行访问和部署，而云计算能够根据用户的需求快速配备计算能力。通过云计算技术建立起数据共享资源库之后，访问主体便可以轻松、便捷地对其进行按需访问，各取所需。可见，云计算技术的最终目的不是“计算”，而在于建构“用户中心”“用户体验”的服务模式。

农耕文化遗迹的云端式迁移主要包括以下三个应用层次。

（一）农耕文化遗产的数字化存档

在对农耕文化遗产进行数字化存档之前，首先需要对其进行田野考察和调研，借助3D扫描仪或者其他高精密摄影摄像机器对物质性农耕文化遗产（如传统村落、农耕器具、古建筑等）进行数字化还原，或以其他技术手段获取农耕文化遗迹的三维形体、纹理、质地、材料等基本信息，并将其存入计算机；对于那些非物质性农耕文化遗产（如乡风民俗、农业知识、传统工艺等），则可以采用数字影像拍摄、语音音频输入、计算机语言描述等方式对其记录，并上传至互联网云端，实现农耕文化遗产的完整和“原真性”保存。

[典型案例]

用大数据打造民族文化新高地

——“中国民族文化资源库”落户贵阳工作纪实

由国家民委首个立项并获财政部资金支持的中国首个民族文化资源库项目——中国民族文化资源库（www.minwang.com.cn），是集影、音、图、文于一体的民族文化保护与传承的数字化工程。2016年3月31日，经贵阳市政府与国家民委民族文化宫签署协议落户于贵阳的该文化建设项目，对于带动全市民族文化、旅游、出版等大数据信息产业发展具有里程碑的重要意义。自该项目启动以来，为了保护和抢救人文生态源流、记录和留住贵阳“乡愁”，相关工作人员走进贵阳市255个少数民族村寨进行数字化资料采集和存档。

作为中国民族文化资源库计划入库项目之一的纪录片《极地》，其摄制组用两年时间走访了西藏73个县（市），甄选了

21位主人公，通过乡村电影放映员、无人区野生动物保护员、制作藏刀、木锁、唐卡等的非遗传承人的讲述，以全新视角呈现了西藏民族民俗故事。苍穹、雪山、荒原、湖泊……2017年12月24日晚，在中央电视台科教频道《探索·发现》栏目首播的百集专题纪录片《民族文化之旅》开篇之作——七集纪录片《极地》，以青藏高原的壮美以及藏区人民的真实生活为拍摄内容，一次次地震撼了人心。这部被观众誉为“良心之作”的纪录片，被国家新闻出版广电总局（现国家广播电视总局）选入2017年纪录片优秀作品，还斩获了第七届“光影纪年——中国纪录片学院奖”最佳剪辑奖和最佳系列纪录片两项大奖。在首都举行的首播发布会上，与会专家盛赞《极地》是一部内容真实自然、画面震撼、制作精良、有温度、有情怀的作品，更是近年来少见的纪录片佳作。贵阳市民宗委副主任程学跃在发布会上表示，《极地》的首播标志着百集纪录片《民族文化之旅》取得了阶段性成果。作为《民族文化之旅》纪录片的联合制作方，贵阳市正期待摄制团队走进贵阳少数民族聚居区，充分展现贵阳民族文化风貌。

截至2017年12月底，中国民族文化资源库已完成对128个村寨标准素材的采集和15个村寨深度素材的采集，部分完成了素材剪片，且收录了7.5万多分钟视频、10万张原创摄影图片，采编词条4700条。

（资料来源：《用大数据打造民族文化新高地——“中国民族文化资源库”落户贵阳工作纪实》，搜狐网。）

中国民族文化资源库收集了中国各民族的传统特色村寨、民族艺术、民族歌舞、民族风俗、民族节日等农耕文化遗产资源，既包括民歌以及有关传统工艺、民族建筑的文字简介，也涵盖了以图片形式存储的少数民族耕地种植场景、特色村寨的全貌、村落的历史遗迹，同时还收录了以视频形式呈现的非物质文化遗产，如苗族桃花制作工艺、清镇瓜灯节、竹竿舞等短视频媒体资源。任何与农耕文化相关的遗产要素，不论是物质性的村落景观，抑或是非物质性的传统农耕技艺，在多媒体设备和分布式数据存储技术的辅助和支持下，都能够在互联网云端实现数字化存档。

（二）农耕文化遗迹的数字化修复

数字化修复一般应用于物质性农耕文化遗产载体，如古村落建筑、农耕用具等。一些传统村落的民房建筑大多是由木材和砖块等材料建造而成。这些材料易于受自然环境中的温度、湿度、光照等因素的影响，且随着时间的流逝，其独特质地可能会发生不可逆的变化和衰老，失去原始特性；再加上难以预料的极端天气和人为破坏等因素的综合影响，物质性农耕文化遗产难免会产生破损。长期以来，对破损的农耕文化遗迹多采用人工修复的方式，但这种方式存在诸多局限性，比如难以消除环境变化、自然灾害、极端气候等因素对农耕文化遗迹的影响，难以抵挡物质性农耕文化遗迹的自然老化规律。相比之下，数字化修复方式则能够确保在不损坏遗产对象实体的前提下，对物质性农耕文化遗产进行虚拟修复，以数字化的方式再现农耕文化遗产原貌。具体而言，对于那些残缺的村落建筑或农耕用具，通过运用三维扫描技术获取物体的空间外形结构和色彩信息，通过运用摄影测量技术获取被摄物体的形状、大小、位置、特性及其相互关系，通过程序化生成等技术对文物进行数字化处理，运用技术优势让文物实现可永久保存、可持续再现，不仅为文物保护研究奠定了扎实的数据基础，也让很多缺损的文物借助数字化手段恢复了原本的光彩。

[典型案例]

云冈“石窟”云上游

云冈石窟开凿于北魏时期，以其形态多姿、色彩艳丽、形象壮美而闻名于世，堪称我国古代建筑与雕刻史上的巅峰之作。云冈石窟的雕刻艺术、壁画艺术承载了恢宏精致的农耕文明。近年来，云冈石窟先后实施了保护维修、洞窟调查、监测系统建设、防水工程、文物数字化采集、3D打印等项目。而数字化技术的广泛应用，让云冈石窟的保护从“粗犷”到“精准”，也实现了文物保护与文化研究的齐头并进。

“云冈石窟的保存环境是开放式的，不可能隔绝与外界的水汽交换，这给石窟和雕像留下了千年的印记，也带来了不可避免的伤痕。”云冈研究院党委书记张焯说，“当前，我们正在对云冈石窟进行的数字化信息采集工作，将为云冈石窟的长久保护提供重要支撑。”云冈研究院文物保护修复研究室的工作人员介绍，在对云冈石窟进行信息数据采集的过程中，会发现石窟和雕像的细微损伤和潜在风险，有助于及时进行修复和排除。之后，还将对采集到的高精度数据和信息进行数字化技术处理，在数据库中“还原”云冈石窟，为石窟保护、修复乃至重建提供强大的数据和形象支撑。

云冈石窟的第十二窟内有数十件乐伎、乐器雕刻，有“音乐窟”的美誉，广受国内外各界的关注。浙江大学与云冈石窟研究院合作，用三维激光扫描技术对“音乐窟”进行高保真三维数字化数据采集，再用3D打印技术，1∶1精准复制，让“音乐窟”成功“分身”，生动“再现”。同时，创新性地采用积木式的复制、组装方式，方便运输、移动、组装，让“音乐窟”真正能“动起来、走出去”。

云冈石窟以洞窟数字化为基础，对典型洞窟数字化建模与三维信息系统构建项目、数字化采集项目等先后实施完成。目前，云冈研究院与浙江大学、武汉大学等高校合作，利用3D打印技术,已成功完成对第三、第十二、第十八窟的等比例复制。

同时，发挥数字化技术在文物保护传承中的优势，云冈石窟运用VR、数字化等高科技手段，让文化遗产从现场延伸到了线上，历经千年的石窟艺术走上“云端”、走向世界。原本不可移动的石窟艺术在数字化时代,以“年轻”的呈现方式“活起来、动起来”。

（资料来源 :《云冈石窟“云”上游》，人民日报。）

虽然云冈石窟的数字化修复无法实现物理层面的完整复原，但其在很大程度上仍然能够助力农耕文化传承，因为它以一种虚拟再现的方式为人们漫游云冈石窟、欣赏石窟内完整的农耕文物遗迹提供了契机。通过此种方式，人们能够更好地理解拓跋鲜卑族创造出的恢宏精致的农耕文明。

（三）农耕文化遗产的数字化展示

数字化展示是农耕文化遗产云端式迁移的关键应用环节。与实物呈现的传统展示方式相比，农耕文化遗产的数字化展示具有动态互动性和以观众为中心的特点。在农耕文化遗迹的虚拟展示情境中，充分发挥虚拟现实技术的沉浸感、交互性以及模拟想象等技术优势，借助定位头盔和VR眼镜等智能设备，参观者在感受农耕文化遗迹魅力的同时，还能与三维虚拟环境进行互动，以此“活化”现实中静态且彼此孤立的农耕文化遗产，进而更为真实和生动地展现传统农耕文化的价值底蕴。与此同时，由于云计算具有“按需部署、按需访问”的技术特征，在此技术的支持下，农耕文化遗产的数字化展示能够给参观者带来诸多益处，充分体现“观众中心”的价值理念。云计算平台能够根据用户的需求快速配备计算能力及资源，用户无需下载特定应用程序或配备高配置智能设备就能实现对云平台的轻松访问。通过访问农耕文化遗产云游平台，参观者可以快速地从虚拟展馆的任何楼层“跳转”到另一楼层，在所有展示区域之间进行任意切换。并且，网民只需具备手机、电脑或平板设备并接入网络，便可以随时随地“云游”农耕文化遗产，从而避开现实参观游览中拥挤的人群，突破有限访问时间的限制。

[典型案例]

贵州传统村落数字博物馆：现代化手法传承古老记忆

“向世界开启贵州传统村落文明的实境之窗，让悠久的贵州传统文化被看到、被传播、被创造！”打开网页，一段简短的推荐语对贵州省传统村落数字博物馆做了高度的概括。背景是贵州传统村落的鸟瞰图、傩戏表演场景、村民生活日常等精美图片的不断切换，往下拉即能看到一张地图，贵州传统村落分布情况一目了然。此外，更有建筑风情、文化集萃等板块，以大量图片展示着村寨的不同侧面。

从2012年起，住房城乡建设部会同原文化部、国家文物局、财政部、原国土资源部、原农业部、原国家旅游局等部门开展传统村落调查挖掘工作，先后分4批将4153个具有重要保护价值的村落列入中国传统村落名录。2017年，中共中央办公厅、国务院办公厅印发《关于实施中华优秀传统文化传承发展工程的意见》，将中国传统村落保护工程列为主要项目之一，并强调积极推动传统村落数字化工作。而贵州的传统村落数字博物馆建设也走在全国前列，据贵州省住房和城乡建设厅村镇处相关负责人介绍，贵州省网站所运营的技术和建设的方式，在国内来说已算领先。

2018 年，贵州省启动 100 个传统村落数字博物馆建设，采取信息化手段，为传统村落的传统建筑、古街小巷、古树名木、民风民俗等建档立卡。目前，省级数字博物馆已基本建成，入馆传统村落达 120 个。

省级数字博物馆分为村落合集、建筑风情、古村映像、政策动态、村落活动等板块内容，不仅能在博物馆中一览省内具有代表性的村落风采，更能了解到最新的政策、法规，以及各村落活动情况，可谓是贵州一扇对外展示的窗口。

最为精彩的部分，莫过于村落合集中展示的 100 多个传统村寨。堂安村、三团村、营上古寨……以 VR 全景为基础，展示每个村寨的各处细节，让人仿佛置身于实景当中，简短明了的文字介绍，还配以精美视频和定位导航，博物馆的服务性和现代化可谓体现得淋漓尽致。

作为向外界宣传贵州传统村落的舞台，贵州传统村落数字博物馆是世界了解中华农耕文明的窗口，高新技术的运用和细致入微的内容梳理，提升了贵州人民的自信心和自豪感。

（资料来源：《贵州传统村落数字博物馆：现代化手法传承古老记忆》，中国经济网。）

第二节 守望乡村文明记忆：乡村特色文化的新媒介传播

乡村特色文化承载了乡村文明记忆，是乡村独特历史发展历程和生活方式的集中体现。传承和发展乡村特色文化是生成文化自信、推动新时代乡村振兴的必然要求。2018 年 9 月，《乡村振兴战略规划（2018—2022 年）》指出，重塑乡村文化生态应“紧密结合特色小镇、美丽乡村建设，深入挖掘乡村特色文化符号，盘活地方和民族特色文化资源，走特色化、差异化发展之路。”随着微博、微信、抖音短视频等新媒介对人们日常生活的影响不断加深，如何充分利用新媒介加大乡村特色文化的传播力度，进而丰富人们对乡村特色文化的认识，是营造良好乡村文化生态环境、实现乡村文化繁荣发展必须面对的重要课题。

一、乡村特色文化新媒介传播的多重机制

拉斯韦尔的“5W”模式是传播学研究领域的主流范式，他认为一个完整传播过程主要由五点核心要素构成，即传播主体（who）、渠道（in which channel）、信息（says what）、受众（to whom）以及传播效果（with what effect）。基于“5W”传播模式，可将乡村特色文化的新媒介传播机制归为以下几点：

（一）乡村特色文化新媒介传播的主客体

传播主体即传播者，是信息内容的发出者。由于每个人都会有自己的个人偏好和价值立场，因而在信息传播的过程中，传播主体往往会根据自己的偏好和价值观对信息进行过滤和筛选。对于那些与自己的价值观和审美偏好相悖的信息，传播主体一般不会对其进行传播；

只有当信息内容与传播主体的价值观和偏好相符时，传播行为才有可能发生。传播客体是传播活动中的信息接收者或使用者，又称为受众。受众处于传播活动的末端，是完整传播链条中的重要一环。

诸如互联网、微博、微信等新兴传播媒介最显著的特征是开放性，即任何群体不受其年龄、职业或所处地域等外部因素的限制，只要拥有相应的设备（如手机、电脑等）并接入网络，就可以自由地传播和接收信息。因此，在新媒介语境下，乡村特色文化的传播主体呈现多元化发展趋势，不仅包括传统的乡村村民和政府的宣传机构，还涵盖那些认同且欣赏乡村特色文化的城市居民。可见，乡村特色文化新媒介传播的主体范围已大为扩展，任何认同某一乡村特色文化的个人或群体都可以成为传播主体。至于传播客体，乡村特色文化新媒介传播的受众是所有社会成员。与传统媒介（如报纸、广播、电视等）环境下乡村文化传播受众不同的是，新媒介传播受众不再受时间和空间的限制，并且可供其选择的媒介类型和乡村特色文化信息内容较为丰富。通过访问互联网、微博、微信和抖音短视频等媒介平台，受众可以获得海量乡村特色文化信息资源，并且能够在这些信息中根据自身的需要选择乡村文化信息，或依据个人喜好和兴趣对这些信息进行再传播，乡村特色文化信息内容由此得以进一步扩散，形成新的传播路径。因此，在乡村特色文化新媒介传播的过程中，传播主体和传播客体之间的边界日趋模糊；在接收乡村特色文化信息的同时，受众只需通过“微博转发”“朋友圈分享”“发布短视频”等线上操作，就可对乡村特色文化进行即时再传播，成为新的传播主体，以此加大乡村特色文化的传播力度。

（二）乡村特色文化的传播内容

在长期的农耕生活中，由村民主体不断积淀、发展、丰富和创新的独具特色的相关物质类和非物质类文化资源，是乡村特色文化传播内容的主要构成。“特色”文化重点强调的是具有地域文化和民族特点的乡村文化，它所展现的是不同村落独特的历史文化底蕴以及乡民独有的文化生活方式，其背后所体现的价值与观念是村落独一无二的身份标识，是对主流文化下的亚文化类型的进一步丰富。不同于其他类型的信息传播，乡村特色文化传播承载着特殊的价值意义，我们可以从乡村特色文化传播的具体内容中感受不同的文化魅力。例如，从山东胶东沿海的海草房居民建筑图片中，我们可以感悟当地居民的生活智慧；从闽台地区的妈祖祭祀活动视频中，我们可以了解当地居民的妈祖信仰；从藏族赛马活动视频中，我们可以了解藏族人民的生活习惯和宗教信仰。此外，在传播内容的信息量和覆盖面方面，以互联网和微博为代表的新媒介以其与生俱来的开放性和强大的存储能力，为乡村特色文化传播开辟了前所未有的信息存储空间和传播范围，从而突破了传统媒介在文化信息传播增量和信息内容覆盖面方面的瓶颈。不仅如此，与广播和电视等传统媒介稍纵即逝的线性传播特征不同，乡村特色文化的新媒介传播内容还具备永久储存、网络化传播等特性，方便用户随时随地对其进行查看和分享。

（三）乡村特色文化的传播渠道

乡村特色文化传播的传统媒介主要包括人际传播、群体传播、组织传播和大众传播这四种形态。大众传播是中国改革开放后乡村特色文化传播的代表形态，这是一种以有线广播、无线电视为主要媒介对乡村文化进行传播的模式。进入 21 世纪，伴随互联网、微博、微信等社交网络媒体的兴起，乡村特色文化的传播渠道已大为扩宽，传统的乡村文化传播媒介日渐式微。具体来说，乡村特色文化的新媒介传播渠道主要包括以下三种。

一是短视频。短视频的制作流程简单、内容覆盖面广且参与程度高，人们借助手机移动终端就能成为乡村特色文化的传播者和生产者。短视频的这些特点和优势吸引了广大乡村受众参与乡村特色文化传播过程，打破了传统媒介对于乡村特色文化传播的垄断地位。根据字节跳动（抖音）在 2021 年 6 月发布的三农数据报告，过往一年内抖音农村题材视频总获赞量 129 亿次，细分出的内容领域包括农村生活、农村美食、三农电商、非遗传承、养殖技术、赶海等。[①] 二是乡村 App。作为一款智能应用软件，乡村 App 集展示和传播功能于一体，不仅汇聚了乡村特色建筑、风俗传统和地方美食等文化元素，还可以以信息发布、点赞、转发和评论等方式，推动受众参与乡村特色文化传播过程。三是网络直播。网络直播具有准入门槛低、参与性高、互动感强的特征。在直播间，内容点播、打赏、互赠礼物等方式深受广大网民喜爱，弹幕评论功能显著增强了网民与主播之间的互动交流。人们可以在微博、微信、抖音和 Bilibili 等社交媒体平台上对乡村特色文化内容进行网络直播。这种传播渠道不仅能有效降低成本，还可以实现良好的传播效果，尤其在对乡村特色民俗文化的传播过程中，受众在直观地体会乡村文化魅力的同时，还可以与直播者（传播者）进行即时互动，增强其在传播过程中的参与感。

（四）乡村特色文化新媒介的传播效果

乡村特色文化新媒介的传播效果是整个传播过程中的最后一环，是检验传播行为最终成效的关键环节。一般而言，乡村特色文化新媒介传播的效果至少可以从以下三个层面进行判断。一是认知层面，即传播客体对某一乡村特色文化是否形成了基本的认知，是否大概了解乡村特色文化的起源、表现形式、代表性文化活动和文化象征物。二

① 李子晨:《短视频、直播涌现创造新机遇》，载《国际商报》，2022-01-27。

是态度层面，即受众是否认同某一乡村特色文化背后所体现的价值和精神，是否尊重当地村民独特的生活方式和民风习俗，以及是否对乡村优美的自然环境和田园般的淳朴生活产生向往之情。三是行为层面，即受众是否会以实际行动传承和践行乡村特色文化所体现的价值精神，如善良、淳朴、友爱、团结等优良品质和道德精神。这是乡村特色文化新媒介传播的核心目的。在乡村特色文化新媒介传播过程中，虽然我们无法直接观察最终的传播效果，但通过新媒介传播方式的双向互动反馈机制，传播主体仍可以部分了解传播效果如何。例如，传播主体可以基于网络直播平台的粉丝互动情况和微博转发与点赞评论数量，对传播客体的认知和态度进行初步判断；当受众对乡村特色文化的评价多是正面、积极且表现出崇尚之情时，这就在一定程度上表明乡村特色文化的新媒介传播取得了良好的效果。

二、乡村特色文化新媒介传播的现实意义

从经济发展层面来看，乡村特色文化的新媒介传播有助于推动乡村特色文化产业发展，为乡村经济振兴提供新动能。2022 年 3 月 21 日，文化和旅游部、自然资源部和农业农村部等六部门联合印发了《关于推动文化产业赋能乡村振兴的意见》，其中提到，“到 2025 年，文化产业赋能乡村振兴的有效机制基本建立，汇聚和培育一批积极参与文化产业赋能乡村振兴的企业、机构和人才，推动实施一批具有较强带动作用的文化产业赋能乡村振兴重点项目，形成一批具有市场竞争力的特色文化产业品牌，建成一批特色鲜明、优势突出的文化产业特色乡镇、特色村落。”为实现这一目标，要加强“数字文化赋能”，“鼓励数字文化企业发挥平台和技术优势，创作传播展现乡村特色文化、民间技艺、乡土风貌、田园风光、生产生活等方面的数字文化产品，规划开发线

下沉浸式体验项目，带动乡村文化传播、展示和消费”。

乡村特色文化是乡村特色文化产业的灵魂。为打造具有竞争力的乡村特色文化产业品牌，乡村特色文化本身的历史积淀和文化魅力固然重要，但同样重要的是对乡村特色文化的宣传和传播。与传统媒介相比，通过运用互联网、微博、短视频等新媒介传播工具，乡村特色文化传播内容更为丰富、生动，且受众范围不受时间、地域的限制，因而能够实现覆盖面广、用户易于接受的良好传播效果。因此，通过运用新媒介对乡村特色文化进行传播，可以加大乡村特色文化资源的宣传和传播力度，形成强大的乡村特色文化产业品牌效应，利用品牌效应带动乡村特色文化产业的规模化协同发展，助力乡村经济振兴。

[典型案例]

七仙女带火贵州侗家寨 一名驻村纪检干部的网络扶贫故事

2018年5月，在贵州省黎平县纪委监委派驻盖宝村扶贫第一书记吴玉圣策划下，“侗族七仙女”在快手平台上注册运营，旨在通过直播助销当地特色农产品。以“七仙女”为主角运营一个视频账号的点子来自一个当地传说。

侗族琵琶歌是国家级非物质文化遗产，边弹边唱在当地很受欢迎。相传这种琵琶歌是下凡的七仙女看到侗族姑娘美丽优雅又善良，但是生活乏味枯燥并不开心，所以将琵琶歌的种子撒在了盖宝河里。从此，喝了河水的侗族姑娘都会唱侗族大歌。“难怪我们侗寨姑娘这么漂亮，原来是七仙女下凡来的。”听到老人讲述这个传说，正在寻找传播点的吴玉圣灵光一闪，“我决定寻找下凡的七仙女，让她们来做我们侗寨的旅游宣传形象大使，让观众们通过侗族美丽的七仙女，来认识侗族文化和侗寨的浪漫生活。”

在侗寨琵琶歌队一次练歌的间隙，吴玉圣发现了第一位“仙女”杨艳娇；在拍侗族结婚风俗视频时，吴玉圣认识了两位漂亮的侗族伴娘吴文丽和杨妮丹；刷快手的时候发现了在县艺术团实习的吴兰欣和她同学吴梦霞；“三顾茅庐”请出受父亲影响拍摄了微电影传承侗族文化的张国丹……历经波折凑齐了七位仙女，吴玉圣试着在快手上传了一段短视频，这一试，他惊喜地发现一天内账号粉丝就涨了1000多个。从此，“侗族七仙女”在快手上开启了自己不断涨粉的节奏。

“七仙女”日益扩大的影响力在宣传侗族文化的同时也为当地百姓的生活带来了切实的好处，村里种的大米、蔬菜成了香饽饽，家家户户常吃的腌制稻花鱼、腊肉、辣椒酱在网上供不应求，老人手工制作的侗族服饰、手工艺品有很多网友高价求购。小黄姜是盖宝村的特产之一，肥沃的土地和有机的耕种方式让当地出产的小黄姜品质一流。但在2017年，当地农民种植的不少小黄姜还是烂在了地里。了解到小黄姜滞销情况后，吴玉圣提出用“侗族七仙女”为其宣传推广。直播结束的第二天，当地种植户就接到了来自上海的电话，向其先期购买50斤的小黄姜。“我马上给他发了快递，过了没两天，收到货以后对方肯定了我们小黄姜的品质，一下子订购了1万斤！”就这样，在吴玉圣和“七仙女”团队的帮助下，当地16户种植小黄姜的农户2018年卖出了近6万斤的小黄姜，每户分到了超过1.7万元的净利润，这16户小黄姜种植户相继脱贫。

“侗族七仙女”日益提高的影响力给村里带来的变化越来越明显。“七仙女”和她们的故事登上了中央电视台，越来越多的游客来这里观光旅游，陆续有大学生选择回乡工作，原本一到晚上就回归静寂的小山村也开始有了广场舞。

快手区域合作总监、“侗族七仙女”的运营人张思谊表示：“其实在我看来，卖货更像是‘七仙女’的副业，她们的视频和直播更多的是将民族文化、特色服饰、非物质文化遗产融到风土人情、大好风光和特色物产的展示之中，这起到了很好的效果。通过优质的视频内容扩大粉丝群体，获得更多的流量，在形成一定的品牌后借助自己的影响力为家乡代言，销售优质农产品，并进一步吸引游客到来，发展当地经济。”

（资料来源：《七仙女带火贵州侗家寨 一名驻村纪检干部的网络扶贫故事》，中国纪检监察报。）

从文化价值层面来看，乡村特色文化的新媒介传播有利于传承和发展乡村优秀文化和中国传统文化。乡村特色文化是中华传统文化历久弥新的见证，是中国特色社会主义文化守正创新、固本开新的精神动力。乡村特色文化体现了中国传统文化的鲜明个性特征，反映了某一民族在特定的生存环境和历史条件下形成的具有独特个性的价值立场与行为范式。“乡村特色文化之于中国传统文化，既有文化主体上的同质性联系，又有文化客体上的同构性联系。所以，传承与发展乡村特色文化，其实就是在乡村传承与发展中国传统文化。”[1] 运用新媒介对乡村特色文化进行传播是传承和发展乡村特色文化和中国传统文化的重要抓手。

一方面，新媒介技术平台扩大了乡村特色文化传播受众的范围，全国各个城市的互联网网民和新媒介使用者都有可能成为乡村特色文化传播的受众，据此能够突破传统媒介传播模式下的地理区域范围限制，扩大乡村特色文化和中国传统文化的影响力。另一方面，通过运

[1] 李运生：《乡村特色文化的时代传承》，载《人民论坛》，2019 年第 18 期。

用新媒介传播技术，乡村特色文化和中国传统文化的具体内容能以直观、生动和有趣的方式呈现给传播受众，使传播受众对乡村特色文化形成更加全面和深刻的认知和理解；在此基础上，方能实现文化的守正传承。此外，利用短视频拍摄和网络直播等方式的准入门槛低、制作过程简单等优势，传播主体能够随时随地对乡村特色文化进行生产制作，并添加新的元素，使其更加符合不同受众群体的审美旨趣和话语表达方式。总之，乡村特色文化新媒介传播的重要价值在于，通过创新文化传播方式，能够显著改善中国传统文化和乡村特色文化在公共生活空间的传播效果，推动乡村文化在数字时代背景下的传承和发展，增强公民对中国传统文化的认同和民族文化自信。

[典型案例]

非遗文化借直播破圈，流量向善助力乡村振兴

2022 年 3 月 20 日，非物质文化遗产项目“古琴艺术”（岭南派）广东省级代表性传承人谢东笑在 YY 直播年度盛典的舞台上低眉操缦，指尖拨弄间一首《踏山河》将直播间氛围推向高潮。舞台之下，现场的嘉宾除了欣赏舞台表演之外，不少人把玩着手里的一只“熊”。这只“熊”也源自非物质文化遗产之一——内蒙古阿尔山白狼林俗树皮画。YY 直播不仅让非遗项目走进了大众生活，也创造了收入，助力乡村振兴。

YY 盛典夜，古琴大师谢东笑带领着数百万人走进了优雅的古琴艺术，琴声时缓时急，一曲《踏山河》充满意境，阳春白雪不再难觅知音。谢东笑表示，“随着时代变迁，传播途径已经不是古琴艺术的难点，直播等新业态让人们对古琴的认知越来越深刻，学习古琴的氛围也越来越浓，让古琴文化可以触

网破圈”。古琴直播互动体验打造了“减字谱”“大象无形”“弦外幽深”等数字互动体验展，拨动琴弦，即可唤醒瀑布与山水，虚拟与现实，在此刻融汇一体，古中国文化中天人合一的意境感，也凭借数字化技术，再度被生动重现。

YY 直播从 2017 年开始就成立“非遗”频道，推出各类非遗项目主题的直播内容，比如蜡染、广绣、广彩等。

过去两年，直播、短视频等新媒介成为振兴美丽乡村的“新农具”，众多网红、主播成为乡村振兴主阵地的生力军。2021 年度，YY 直播共策划乡村振兴系列直播累计 10 场，观看人次近 600 万。YY 直播摸索出了自己的一套经验。一方面，发挥“头部主播”带动效应，形成主播带队进乡村，直播平台促振兴的直播热潮。2021 年上半年，YY 直播知名主播九情带队深入贵州省毕节市、安顺市、黔南州等地区的多个少数民族村寨，通过镜头向广大网友展示少数民族乡村别具一格的文化特色以及文旅资源。另一方面，启动少数民族主播培育及地域特色直播项目，变输血为造血。目前，YY 直播已在云南、贵州等省的 12 个县培育了一批少数民族主播。

正是基于对古琴、树皮画等非遗的提炼与具化、情感化与专业化，打通线上线下的传播空间，不仅能够让年轻的受众们直观地见其形、听其音、感其情、明其意，耳濡目染中国文化之美，更能令其深入理解背后的文化底蕴，达成深层的文化认同。

（资料来源：《古琴、树皮画等非遗文化借直播破圈，流量向善助力乡村振兴》，南方都市报。）

从社会价值层面来看，乡村特色文化的新媒介传播是满足人民日益增长的文化需要、缓解人们现代都市生活压力的重要方式。党的十九大报告指出，我国社会主要矛盾已经转化为“人民日益增长的美好生活需要和不平衡不充分的发展之间的矛盾”。其中，人民日益增长的文化需要是“美好生活需要”的直接表现，精神文化层面的享受是人民所向往的美好生活的重要组成部分。具体而言，人民日益增长的文化需要不仅包括对有形的物质文化遗产保护的需要，还涵盖无形的心灵满足、精神享受和文化熏陶等方面的需要，同时也包括对不同传播媒介平台的文化产品的需要。“新时代，文化需求满足的一个突出特点是网上文化需求满足的比重越来越高。网络游戏、网络文化创作、网络文化互动，无处不网、无时不网，人民群众通过网络追求更丰富、更便捷、更互动的文化活动。”[①] 乡村特色文化作为中国传统文化的重要组成部分，是特色农耕文化遗迹、独特田园生活方式和民族风俗传统等不同文化形态的聚合体，通过新媒介对其进行加工和传播，广大人民群众的文化需求能够在很大程度上得到满足。在乡村特色文化的新媒介传播过程中，农民群体可以在互联网、微博、抖音短视频等新媒介平台上随时随地欣赏自己家乡或其它乡村的特色文化建筑、独特的节庆仪式和民族文化活动，以此满足他们在精神享受和情感认同等方面的文化需求。对于那些生活在城市的居民群体而言，以受众的身份参与乡村特色文化的新媒介传播过程能够有效缓解城市激烈竞争带来的现代性焦虑。

① 何洪兵：《文化需要的历史变迁、内在逻辑与新趋向》，载《人民论坛》，2020 年第 23 期。

[典型案例]

李子柒短视频：现代性焦虑下的田园想象

在新媒介飞速发展的年代，短视频不仅是日常信息传播和人们消遣娱乐的重要手段，也成为展示和“活化”传统文化、承载人们集体记忆的主要平台。近年来，依托新媒体技术的有效开发和广泛运用，怀旧类短视频蔚然成风。

在以怀旧为主打题材的短视频中，李子柒的“古风”系列堪称现象级。李子柒短视频中呈现出的鲜明个人特色，不同于长久以来我国对外传播主体以国家机构和官方媒体主导的宏大叙事，展现出数字时代跨文化传播多元主体的可能性。通过个人化叙事，李子柒呈现了一个中国人的日常生活，这种以个人为主导的传播，更能触及人们内心的柔软情绪，因而收获一众粉丝。李子柒短视频作品通过表现人与自然、人与人、人与社会和谐相处的中国传统农耕生活，展现了传统社会的高尚道德与审美哲学。同时，李子柒的短视频也增加了城市年轻人的新理解：没见过的老灶台、柴火煮饭，抓鸡、挖红薯，新奇的场景压缩在几十秒至几分钟不等的短视频里，从旧农村、旧事物中展现了许多新亮点。

因李子柒短视频的走红，无论是国内还是国外粉丝都对视频中展示出的田园牧歌般的诗意生活心生向往。视频以中国传统美食文化为主题，利用传统东方的意象、唯美的表现风格，抚慰了现代都市生活中人们的焦虑与紧张，一定程度上缓解了人们日常的生活压力，满足了人们对于内心平静的渴求，从而引发共情。在全球化和城市化的时代语境下，海内外粉丝通过李子柒的短视频看到了中国乡村生活的另一种景象，中国的传统文化、生态文化、民俗文化、美食风味等都以一种日常的、生活化的方式得以呈现。在这种风格化短视频带来的舒适感与治愈感之下，所谓生活记录的真实性已不再重要，人们更愿意去相信视频日志中呈现出的赏心悦目、生活在别处的美好。

李子柒短视频已成为人们追忆美好生活的载体，而美好生活正是怀旧短视频修复受众现实创伤的关键，前者是镜子，后者是物像，通过映照，二者彼此关联、密不可分。其实，在碎片时间寻找心灵慰藉、还原集体记忆帮助社交是大多数人点击怀旧短视频的原因所在。

（资料来源：《跨文化传播中讲好中国故事的短视频叙事探索——李子柒短视频海外走红的启示》，人民论坛网。）

三、乡村特色文化新媒介传播的优化策略

明确新媒介语境下乡村特色文化传播的价值理念。一方面，应尊重乡村特色文化传播主体和受众的平等地位和自主性。相较于传统媒体而言，新媒介平台对所有人开放，所有主体具有相对平等的传播权利，社会中的每个个体都能开展文化传播和交流活动，这在很大程度上淡化了人们在文化传播上的阶级地位和身份意识，打破了政府、主流媒体对文化传播的垄断地位。新媒介平台还为广大传播主体和受众提供了较大的文化内容生产创作的自主空间，人们可以依据自己的意愿和审美偏好对乡村特色文化内容进行加工和完善。为实现良好的文化传播效果，我们应尊重新媒介传播方式背后彰显的价值理念，即所有传播主体和受众皆为具备自主创作能力的平等参与主体。另一方面，对乡村特色文化传播内容应秉承开放包容的态度。中国传统文化博大精深，不同民族地区的特色文化是中国传统文化的重要组成部分。因此，

应当以开放包容的态度对待不同民族地区的传统特色文化。对于那些反映当地人独特生活方式和文化心理的民族特色文化，如藏族的赛马文化、侗族古歌等，我们应通过新媒介对其进行广泛宣传和传播，体会其中的文化魅力和价值意蕴，不能因为这些文化的具体内容及其发源地等因素而对其产生任何偏见。

此外，在运用新媒介技术对乡村特色文化进行传播的过程中，应致力于实现工具理性与价值理性的平衡。前者主要指的是文化传播新媒介技术手段的运用，如对文化内容的生动呈现、趣味互动元素的融入等；后者意指文化传播的最终目的，如满足人民日益增长的文化需求、传承和践行乡村特色文化背后所体现的价值观念和人文精神。为了实现这两者的平衡，需要警惕新媒介平台的资本力量对乡村特色文化传播内容的过度渗透，防范过于商业化的娱乐元素对乡村特色文化的淳朴性、原真性和价值引领功能的消解和异化。新媒介技术的运用是乡村特色文化传播的手段而不是目的。对于那些为了获取流量而无限夸大娱乐元素的低俗文化传播现象，政府应采取有效的监管措施对其治理，以正确的文化价值观念对传播主体进行引导并督促其开展自我整改，从而实现乡村特色文化新媒介传播过程中工具理性与价值理性的平衡。

加大乡村特色文化数据资源库和农村网络基础设施建设力度。2021 年 7 月，中央网信办信息化发展局、农业农村部市场与信息化司等部门联合发布的《数字乡村建设指南 1.0》强调，乡村特色文化宣传和传播应“依托地方特色文化专题资源库（省宣传、网信、农业农村、文化和旅游、乡村振兴等部门牵头组建），基于各级政府网站、公共文化资源服务平台、新媒体等平台开设移风易俗、优秀农耕文化、重要农业文化遗产宣传专栏”。基于此，政府各部门应加大地方特色文化专题资源库的建设力度，为宣传乡村特色文化提供基本素材。在此基础上，通过政府官方网站和主流新媒体平台对乡村特色文化素材进行广泛传播，将正确的政治方向、价值取向和端正的审美观念融入乡村特色文化的新媒介传播过程，以此引领先进乡村文化的发展方向。除政府以外，农村村民和其他社会群体也是乡村特色文化传播的重要主体。为方便广大农村地区的村民运用新媒介技术对乡村特色文化活动进行宣传，应进一步夯实农村网络基础设施建设。2019 年 5 月，《数字乡村发展战略纲要》指出，数字乡村发展的重点任务之一是大幅提升乡村网络设施水平，要“加强基础设施共建共享，加快农村宽带通信网、移动互联网、数字电视网和下一代互联网发展。持续实施电信普遍服务补偿试点工作，支持农村地区宽带网络发展。推进农村地区广播电视基础设施建设和升级改造。”同时，“引导搬迁撤并类村庄完善网络设施和信息服务，避免形成新的‘数字鸿沟’。”只有通过不断改善农村互联网基础设施和农民上网条件，广大农民群体才能以视频直播、拍摄短视频等方式对村落的各类特色文化活动进行网络传播，进而扩大乡村特色文化的新媒介传播渠道和影响力。

提升广大农民群体的新媒介素养。中国社会科学院信息化研究中心于 2021 年 3 月发布的《乡村振兴战略背景下中国乡村数字素养调查分析报告》显示，城乡居民数字素养差距达 37.5%，农民群体的数字素养得分仅为 18.6 分，明显低于其他职业类型群体，比全体人群平均值（43.6 分）低 57.0%。[①] 这提醒我们，若要建设数字乡村、改善乡村特色文化新媒介传播效果，仅依靠硬件层面的农村网络基础设施建设是远远不够的，还需从“软件”层面着手提升农民群体数字素养，其中很重要的一点是农民的新媒介素养。所谓新媒介素养，指的是人们对新媒介技术的基本认识和了解，知道如何运用新媒介技术传播和接

① 李晨赫:《中国社会科学院最新报告：乡村振兴亟待弥补“数字素养鸿沟”》，载《中国青年报》，2021-03-16。

收信息，并且具备思考、判断、辨别和质疑新媒介传播内容及其价值意义的能力。农民群体接触新媒介技术的时间较短，短时间内要求其具备以上提及的新媒介素养可能并不现实；但就乡村特色文化的新媒介传播而言，在现阶段，农民群体至少应具备基本的新媒介知识，并且能够熟练运用新媒介技术对乡村特色文化进行传播。

具体来看，可以探索线上线下相结合的培训模式，全面提升农民的新媒介素养。一方面，基层政府和相关机构应有针对性地在农村定期开设互联网和新媒介使用方法等基础课程，通过电视、广播、宣传栏等传统媒介发布培训课程，号召广大农村村民积极参与新媒介素养提升课程学习。在条件允许的情况下，培训人员甚至可以在农村传统节日当天，以各类乡村特色文化活动为契机，现场指导农村居民运用新媒介技术对乡村特色文化进行传播，对农民在实际操作过程中存在问题予以即时解答，以此提高培训效率。另一方面，“依托农业农村部全国农业科教云平台，建设县、乡、村三级培训体系，确定培训对象、遴选培训机构、明确培训内容，利用远程教学、云课堂等多种信息化手段，组织农业生产经营主体、农村居民、基层干部等不同群体参加与之相适应的数字素养培训。”在线上培训过程中，应有针对性地为农村居民开设相关的新媒介素养培训课程，重点凸出新媒介技术软件设备操作、数字文化内容创建和分享等方面的线上培训内容。

深化乡村特色文化县级融媒体的融合传播。2018 年 8 月，习近平总书记在全国宣传思想工作会议上指出：“要扎实抓好县级融媒体中心建设，更好引导群众、服务群众”[①]，从国家战略层面对县级融媒体中心建设提出了发展要求、指明了发展方向。中国共产党第十九届中央委员会第五次全体会议通过的《中共中央关于制定国民经济和社会发展第十四个五年规划和 2035 年远景目标的建议》提出，“推进媒体深度

[①] 习近平：《论党的宣传思想工作》，北京中央文献出版社 2020 年版，第 340 页。

融合，实施全媒体传播工程，做强新型主流媒体，建强用好县级融媒体中心”。所谓“融媒体”简单来说就是将传统媒体和新兴媒体各自的优势相互融合，彼此之间取长补短，从而提高新闻信息传播的总体效能。“县级”指明了行政层级，表明融媒体所面对的对象群体是来自县、乡、村的人民群众。

乡村特色文化县级融媒体的融合传播旨在为所有基层百姓提供丰富、健康、优质的文化产品内容，满足人民的文化需求。为此，在充分发挥新媒介传播技术的受众广、互动性强、内容生动等优势的同时，还应注重文化传播内容的质量。在文化传播内容的生产加工方面，传统媒体机构具备得天独厚的优势，例如，县级广播电视台拥有先进的视频录制设备、内容丰富的影音资料库，可以对乡村特色文化活动的全过程进行高清视频录制；而报社则拥有训练有素、文字处理能力过硬的采编人员，能够对乡村特色文化活动进行文字概括和总结。因此，在乡村特色文化的主题策划、村民采访、录音摄像、文字编排等文化内容生产和加工阶段，可以发挥传统媒体机构的以上优势，将乡村特色文化加以原真性呈现。在此基础上，再将这些乡村特色文化内容通过新媒介渠道传播给广大受众。

第三节　传承民间优秀文化：民族文化元素的数字化转译

2017 年 1 月，中共中央办公厅、国务院办公厅印发的《关于实施中华优秀传统文化传承发展工程的意见》强调，要“善于从中华文化资源宝库中提炼题材、获取灵感、汲取养分，把中华优秀传统文化的有益思想、艺术价值与时代特点和要求相结合，运用丰富多样的艺术形式进行当代表达，推出一大批底蕴深厚、涵育人心的优秀文艺作品”。

数字时代背景下，将民族文化元素与科技、娱乐和现代审美等元素相结合，有助于增强民族文化的时代吸引力、推动民族文化创新发展，最终实现民间优秀文化的赓续传承。

一、民族文化元素数字化转译的内涵

一般而言，“转译”（translation）指的是将一种语言翻译成另外一种语言的过程。而“文化转译”则意指在对文化形成准确理解的基础上，将异质或异构的文化符号以文化主体能够接受的语言形式或表达方式予以呈现。此概念最早由邓肯姆（Duncum）于2001年提出，他认为文化转译类似于光的折射，打开、接纳并准许其他文化组合成新的形式。可见，文化转译并非机械地将文化信息翻译成其他语言，而是强调以文化信息接收主体的视角，对文化内容进行解释和说明，或对文化内容的不同元素进行加工调整，从而使文化主体能够准确理解文化的具体涵义及其价值意蕴。文化转译甚至允许新的文化元素加入以生成新的文化意义。在文化转译的过程中，原有的文化内容元素或以新的表现形态得以呈现，或与新添加的文化元素进行重组，继而生成能够满足人们文化需求的文化产品，最终实现原有文化在新的社会时代背景下的传承和发展。

“数字化转译”既指明了文化转译所依凭的技术手段，如互联网、云计算、大数据等数字化技术，也强调了经过转译后形成的最终文化产品形态，即以音频、图片或视频等形式存在的文化载体形态。以非物质文化遗产为例，对其进行数字化转译至少涉及以下几个方面：一是文化语言体系的转译，指的是以新的数字语言和表征符号对非物质文化遗产的内涵进行表达；二是文化形式的转译，意指对不同文化表现形态（如民族舞蹈、民歌等）进行解构，对所有的构件用新的数字化媒介形式进行重组，以使媒介形式符合文化真实；三是文化内容的转译，指的是对非物质文化遗产的活态、具象进行数字化处理，使其转化为文本、声音、图片、频等；四是文化系统框架的转译，即以一种数字化知识框架转换非物质文化遗产系统。

综上，民族文化元素的数字化转译意指运用数字技术对民族文化元素进行解释说明，对其存在形态、组合形式及其表述方式进行加工和转化，以创造能够满足人民文化需要、契合当代人文化欣赏习惯和审美旨趣的民族文化产品，最终实现民族文化在数字时代的赓续传承和创新发展。

民族文化元素的数字化转译主要包括以下两个方面内容：

将民族文化元素转译为数字化视听象征符号。对于少数民族而言，独特的民族服饰、风俗礼仪、语言及歌舞构成了他们的民族文化标识和象征符号，这些象征符号承载着本族人民的思想、情感和价值观。通过录音、视频录制和剪辑、多媒体融合等数字技术，可以实现对少数民族文化元素的数字化转译，使其以数字视听象征符号的形式呈现在观众面前。民族文化元素经数字化转译后，虽然其存在形式会发生转变，即由真实存在物转变为数字化视听象征符号，但其承载的价值内核和精神信仰不会发生改变。不仅如此，经过数字化转译后的民族文化元素所凝聚的民族精神和价值意蕴还更容易被观众所理解和体会。

例如，在民族电影《滚拉拉的枪》中，导演有意识地将苗族文化元素融入影片，通过当地苗族人民的本色出演、原生态场景呈现等方式向观众展示了独具魅力的苗族文化。在影片中，苗族民歌、服饰、建筑、户棍、成人礼仪等民族文化元素被转译为一系列视听象征符号，这些现实存在的文化象征符号经由数字化处理被搬入大银幕和互联网，由此实现了民族文化元素的数字化转译。与传统的民族文化展示方式相比，民族文化元素的数字化转译能给观众带来非同寻常的视听体验。

在《滚拉拉的枪》中多次出现苗族民歌吟唱，包括苗族古歌、酒歌、情歌、山歌和劳动歌等不同类型民歌，以及富有特色的民族人物形象和仪式场景；电影将这些文化元素组合在一起，显著增强了苗族文化的视听感染力。尤其是，作为苗族文化代表性元素，经过数字化转译后的苗族民歌在实现原声呈现的同时，还配有相应的中英文字幕；这样一来，来自其他民族和国家地区的观众也能很好地理解苗族民歌的歌词大意，结合不同的故事场景和人物形象，感受民歌所承载的苗族人民朴素的生态观、超脱的生命观、温暖的人际观等文化意蕴，以及欣赏苗族故乡古朴的原始美、悠远的意境美。据此，苗族民歌的数字化转译结果以其独特的美学价值和对苗民族文化的认知，唤醒了所有苗族人的集体记忆，引起了广大受众的精神共鸣，实现了不同受众群体之间的情感转译。

运用数字技术将不同的民族文化元素以故事化的叙事方式串联起来，并适当添加一些喜剧化、通俗化和年轻化的文化表述形式（元素），从而构建民众喜闻乐见且具有文化辨识度的整体性民族文化图景。数字技术具有强大的提取、生成、解构、融合和转化各种文化元素的能力。利用多媒体数字技术在虚拟世界中构建融合多种民族文化元素的仿真空间，并以故事化的叙事方式为这些文化元素（如民族服饰、建筑、民歌、舞蹈、节庆仪式等）建立联系，经过数字化转译的文化产品将会更具表现力。在向观众呈现文化内容的过程中，通过适当地增加一些网络用语和年轻化、娱乐化的话语表述，可以有效实现民族文化传统向当代的转译。

例如，由广西广播电视台打造的原创文化节目——《民族文化》——对广西壮族各种民间故事进行了挖掘，在多媒体数字技术的辅助下，运用故事化的叙述方式为不同的壮族文化元素建立了紧密联系，向观众展现了壮族文化的价值内涵和发展历史。该节目以“潮文化”为切入点，不再沿用往常较为生硬和晦涩的话语表达，而是以青少年群体喜闻乐见的表述方式展现抽象的壮族山歌文化，使其符合年轻受众的价值认知和话语体系。自 2019 年 5 月开播以来，《民族文化》还通过融媒体平台，在微博、微信、今日头条、抖音等移动端全网宣发，体现了多种媒介相互配合、多场域传播的数字媒介逻辑。

二、民族文化元素数字化转译的意义

民族文化元素的数字化转译是传承民间优秀文化的重要途径。民间优秀文化是民族文化的亮点，代表着整个民族的精神气质和文化面貌。目前，在经济、历史和社会发展进程等多重因素的综合影响下，我国的民间优秀文化传承和发展情况不容乐观，有相当部分的少数民族特色节庆仪式、语言文字和建筑遗迹等文化元素正面临无人继承和保护的窘境，且民族文化蕴含的价值观念和审美精神对人们的影响越来越小。诸如学校教育、师徒相传、口口相传等传统的民族文化传承方式无法突破时间、空间和信息等方面的限制，难以适应时代发展的需要。相比较而言，通过对民族文化元素进行数字化转译，能够更有效地推动民间优秀文化传承。民族文化元素的数字化转译是实现民族文化数字化保存及其新媒介传播的前提条件。通过运用数字技术，将民族服饰、歌舞、手工艺、节庆仪式等文化元素转化为以图片、音频、视频和三维模型等数字化形态存在的文化载体，据此，方能实现民族文化在互联网云端的永久储存，进而促进民族文化在微博、短视频等平台的跨媒介传播。所有少数民族文化的新媒介传播受众，不论是其是否身临某一民族群体的生活所在地，都可以成为该民族文化的传承人。

[典型案例]

“中华淮剧”App：淮剧的“流量担当”

淮剧起源于盐城建湖一带，2008年被国务院列入第二批国家级非物质文化遗产名录。为弘扬优秀民族传统文化，推动国家级非遗淮剧的创新传承发展，在盐城市委市政府的领导下，盐城市文化广电和旅游局、盐城市大数据集团有限公司联合开展淮剧数字化保护和传承工作。从2021年4月份项目的立项起步，到紧张有序地工作推进过程，凭借严谨、严肃、严格的调研分析、编辑整理、内容创新、技术开发，依靠精益求精精神的不懈追求，经过工作团队四个多月的艰辛努力，“中华淮剧”App上线，标志着该项工作取得阶段性成果。

为更好地传播和呈现淮剧数字化内容，通过建设中华淮剧官网及App，打造集淮剧视听、社区互动、短视频创作、版权存证、版权交易、VR导览、荣誉展示等七大功能于一体的互联网淮剧综合服务平台。项目组紧紧围绕淮剧数字化建设要求，邀请了淮剧知名专家和昆曲、故宫数字化团队共同策划，研究形成了九大章28个子项的数字淮剧目录框架，以目录为基础，对13家国有淮剧团走访调研并开展资源收集工作。通过将淮剧文字、图片、音视频等数据资源存储在数据库中，实现淮剧资源查阅、保存、上传、下载、共享、版权交易等功能。截至目前，数据库已累计上传剧目210部、音频视频1300条、精修图片1500张、剪辑成片150条，数字化内刊书籍2万页。

淮剧VR全景博物馆是通过现场VR全景拍摄、三维场景制作和全景漫游软件，将线下淮剧博物馆搬到线上，实现用户可随时随地游览淮剧博物馆。在功能设计方面，VR博物馆已实现自动浏览、位置信息查询、展厅切换、场景直达、图文详情讲解、模型切换等多项便捷功能，方便用户使用，提升用户体验。目前，VR 博物馆已链接到中华淮剧 App、官网、微信公众号等多个平台，便于在多种场景推广和展示淮剧博物馆，推广淮剧文化。

淮剧数字化按照“全面权威、保护传承、数字呈现、商业赋能、传播推广”的建设目标，利用区块链等数字信息技术，以最前沿的理念设计和最时尚的传播方式，对淮剧的历史、传统剧目、名家名段、服饰等资源进行数字化转译和保存，有助于淮剧文化的推广传承。

（资料来源：《江苏盐城：“中华淮剧”App 上线 数字赋能让淮剧文化成为“流量担当”》，中国江苏网。）

2021 年 8 月，中共中央办公厅、国务院办公厅印发的《关于进一步加强非物质文化遗产保护工作的意见》指出，“非物质文化遗产是中华优秀传统文化的重要组成部分，是中华文明绵延传承的生动见证，是连结民族情感、维系国家统一的重要基础。保护好、传承好、利用好非物质文化遗产，对于延续历史文脉、坚定文化自信、推动文明交流互鉴、建设社会主义文化强国具有重要意义。”意见中要求，要提高非物质文化遗产保护传承水平，促进合理利用，“鼓励合理利用非物质文化遗产资源进行文艺创作和文创设计，提高品质和文化内涵。利用互联网平台，拓宽相关产品推广和销售渠道”。作为国家级非物质文化遗产，淮剧已成为江淮一带民间优秀文化的典型代表。在数字技术赋能下，淮剧以“中华淮剧”App 为文化载体，很好地实现了民族文化元素的数字化转译，是推广传承淮剧文化的关键举措。

民族文化元素的数字化转译有助于增强民族文化的时代吸引力，

增进民族文化认同。这里提及的“民族文化认同”，既包括对某一特定民族文化的认同，也指涉对中华民族文化的认同。2019 年 9 月，习近平总书记在全国民族团结进步表彰大会上指出，“文化是一个民族的魂魄，文化认同是民族团结的根脉。各民族在文化上要相互尊重、相互欣赏，相互学习、相互借鉴”。各民族人民对本民族文化形成基本的认知和认可是实现民族文化认同的前提条件。然而，鉴于各民族文化是特定历史时期的产物，在其形成和发展过程中，不可避免会受到当时人们认识水平和时代条件的影响，因而当代人可能对本民族文化缺乏基本的认知和理解，导致他们对本民族文化的认同度偏低。针对此问题，民族文化元素的数字化转译提供了可行的解决方案，即运用数字技术推动民族传统文化的“创造性转化、创新性发展”，将民族传统文化元素与现代科技、娱乐和审美元素相结合，以此“活化”优秀民族文化，使抽象深刻的民族文化意蕴变得通俗易懂的同时又具备时代吸引力。此外，民族文化元素的数字化转译也为各民族人民在文化上“相互欣赏、相互学习和相互借鉴”创造了条件，因为统一的数字化民族文化形态不仅能够克服文化传播的时空限制，还方便人们对不同的民族文化进行比较。在比较的过程中，各族人民既能学习和借鉴其他民族的优秀文化，也能发现本民族文化的魅力和特色，以此增进对本民族文化和中华民族文化的认同。

[典型案例]

让文物“活起来”:《第一届文物戏精大会》

文物是传统文化的重要物质载体。宣传好文物的价值，对于继承和弘扬中华民族优秀传统文化、满足人民群众日益增长的精神文化需求具有十分重要的意义。媒体融合背景下，如何让文物“活起来”，成为摆在博物馆面前的一项重要课题。

2018 年，中国国家博物馆、湖南省博物馆等 7 家国家博物馆与抖音共同策划推出《第一届文物戏精大会》，通过加入动画技术以及配音特效，众多“国宝级”文物在视频中活灵活现，与年轻人喜爱的流行元素相结合，使文物严谨性、时代创新性与受众需求在交融中寻找到了契合点。在《第一届文物戏精大会》中，博物馆奇妙夜里，尘封千年的文物们集体“复活”，他们有说有笑，有动作有表情，一件件文物形象饱满立体，被“有血有肉”地呈现出来，观众用轻松有趣的方式感受严肃的历史文化。

据悉，在“文物戏精”H5 动画中出现的文物选择经过了充分的沟通——既要满足创意和趣味性，又要尊重这些国家宝藏本身的严谨及美感。在抖音方面进行初步创意后，获得了合作的 7 大博物馆图片授权，在文物图片的基础上，通过再设计美化局部细节，运用骨骼动画技术以及配音特效等，让文物动了起来。

淮剧 VR 全景博物馆是通过现场 VR 全景拍摄、三维场景制作和全景漫游软件，将线下淮剧博物馆搬到线上，实现用户可随时随地游览淮剧博物馆。在功能设计方面，VR 博物馆已实现自动浏览、位置信息查询、展厅切换、场景直达、图文详情讲解、模型切换等多项便捷功能，方便用户使用，提升用户体验。目前，VR 博物馆已链接到中华淮剧 App、官网、微信公众号等多个平台，便于在多种场景推广和展示淮剧博物馆，推广淮剧文化。

刷遍朋友圈的视频里，年轻人中流行的抖音元素与文物特征进行有机融合，主要运用了五大桥段：

1. 拍灰舞。动作类似拍灰，左右拍肩膀。和文物千年的背景身份可以巧妙关联。

2. “98K 电眼”。是抖音站内有人用眨眼结合游戏里的音乐，用眼神电你，刚好跟文物丰富的表情完美契合。

3. “千人千面”。很多抖音用户都极具戏精体质，喜欢用夸张的方式演绎不同场景下的动作表情，由此在文物角色的基础上融入其角色场景也让文物变得更加生动形象了。

4. “我背后有人”。起源于学生站队，站在第一排的女生遮住了后面所有的同学，大家跟着节奏出现，和兵马俑整齐列阵有契合点。

5. “当当当”梗。之前在抖音里，办公室中老板带着大家一起搞怪，是一种释放压力的快闪视频。

（资料来源 :《让文物“活起来”》，中国文化报。）

2014 年 3 月 27 日，习近平总书记在联合国教科文组织总部的演讲时提出 :“中国人民在实现中国梦的进程中，将按照时代的新进步，推动中华文明创造性转化和创新性发展，激活其生命力，把跨越时空、超越国度、富有永恒魅力、具有当代价值的文化精神弘扬起来，让收藏在博物馆里的文物、陈列在广阔大地上的遗产、书写在古籍里的文字都活起来，让中华文明同世界各国人民创造的丰富多彩的文明一道，为人类提供正确的精神指引和强大的精神动力。”《第一届文物戏精大会》背后的民族文化工作者充分利用人像抠图、同时定位与制图（SLAM）和 3D 渲染等数字技术的技术优势，使收藏在博物馆里的文物活灵活现，显著增强了文物的吸引力。通过对民族文化元素的形式和内容进行数字化转译，《第一届文物戏精大会》的文物作品成功激发了人们的兴趣并吸引他们的关注，使得广大青少年受众群体更愿意了解文物背后所体现的民族文化故事及其价值精神，增进其对中华民族的文化认同。

民族文化元素的数字化转译有助于实现民族文化在数字时代的创新发展，从而满足人民的多元文化需求。随着科学技术的不断发展，以互联网、大数据、算法为代表的数字技术，已经渗透到社会生活的方方面面，对人们的生产生活方式、审美旨趣和文化需求产生了深刻的影响。当下，传统的民族文化内容和表现形态已难以满足人们日新月异的审美偏好和日趋多样化的文化需求。为满足这些审美偏好和文化需求，需要对民族文化的具体内容、表达方式、表现形式等进行数字化转译，使其与数字媒介的开放性、互动性和娱乐性等内在特征相契合。只有这样，民族文化才能实现创新性发展，才能通过数字媒介为人们提供种类丰富、感受真实、内容有趣的审美和文化体验。

[典型案例]

重庆酉阳“数字桃花源”

2022 年 7 月 17 日，“2022 中国武陵文旅峰会”在重庆酉阳举办。会上重庆酉阳与腾讯《手工星球》共同宣布酉阳“数字桃花源”暨腾讯《手工星球》酉阳乡村振兴计划正式启动。

腾讯旗下星球沙盒游戏《手工星球》围绕“探寻酉阳数字桃花源”这一主题，探索以数字技术，助力重庆酉阳地区文旅产业、智慧农业的可持续发展，推动乡村振兴的实现。《手工星球》致力于探索数字技术在乡村振兴中的应用，结合县域特色与资源禀赋，拓宽合作场景，创新合作方式，推动数实融合，进一步助力当地文旅产业发展。

重庆酉阳是全国160个乡村振兴重点县之一，文旅产业资源丰富，传统文化底蕴深厚。该县相关负责人表示，《手工星球》通过全景打造数字酉阳文旅场景、数字化传承酉阳传统文化、打造酉阳特色助农玩法、推进人才生态可持续发展等四个方向，以年轻人感兴趣的方式展现推广酉阳文化。

在全景打造数字酉阳文旅场景方面，《手工星球》花田梯田、桃花源等酉阳核心特色文旅场景进行了数字化还原，让玩家足不出户即可游览好山好水，吸引年轻的消费群体了解酉阳，向往酉阳，爱上酉阳，助力酉阳文旅产业发展。

除自然景观之外，《手工星球》从细节着手，数字化传承当地传统文化。《手工星球》从酉阳土苗文化、民俗文化、农耕文化与非遗文化中，提炼了当地最具代表性的文化元素，进行精细的数字化复刻，从吊脚楼等民居建筑、地方特色农耕用具，到土家族西兰卡普都将融入游戏中。此外，当地国家级非遗文化——土家族摆手舞，通过数字化呈现的方式，让玩家感受民族舞蹈的独特魅力。

在助农领域，《手工星球》根据真实的农耕活动，策划“酉阳梯田水稻模拟经营”等特色玩法，让玩家体验水稻从插秧到收获的全过程，切身体会到农民耕种的不易。

（资料来源：《数字化助力乡村振兴！重庆酉阳“数字桃花源”将这样打造》，新华网。）

数字化转译可以从以下两个方面推动民族文化的创新发展：一方面，数字化技术能够模拟逼真的视觉效果，重现各民族独具特色的文化场景和文化故事，并将不同表现形式的民族文化内容统一转化为新的数字语言和表征符号，从而实现民族文化内容形态和表现形式的创新，赋予民族文化新的生命力。另一方面，经过数字化转译后的民族文化元素能以其趣味性和生动性吸引各民族成员参与文化体验和文化交流，尤其是在网络直播、虚拟数字空间等平台，来自不同民族的受众可以基于自己的文化认知和审美旨趣，对民族文化做出价值诠释并提出反馈意见。得益于不同价值文化和审美观念的碰撞交融，数字化转译后的民族文化易于吸收先进的文化观念和进步元素，从而避免陷入因循守旧、固化僵化的窠臼，最终实现文化表达方式和内容意涵的创新发展。

三、民族文化元素数字化转译的路径

深化对民族文化内涵及其价值精神的理解，这是民族文化元素数字化转译的首要前提条件。民族文化元素的数字化转译不仅仅是一项技术性工作，同时还涉及意义阐释、规范评价和价值融入等人的价值心理活动，人的主观能动性在其中发挥的作用不容忽视。对于民族文化元素的数字化转译人员来说，他们的主观能动性主要体现在对民族文化价值内涵的认识和理解，并将这种价值认识融入数字化民族文化载体。就此而言，数字化转译人员对民族文化价值内涵的准确理解和把握至关重要；因为一旦他们在价值理解方面存在偏差，会导致民族文化元素在数字化转译的过程中偏离支撑其赓续至今的价值内核，最终沦为无意义的符号空壳，失去其应有的价值功能。

举例来说，当文化转译者对甘孜藏族地区的特色村落民居、自然山水、穿戴首饰、佛寺佛塔、节日习俗等民族文化元素进行数字化转译时，他们应该对藏族文化所蕴含的坚韧刚毅、平等中和、崇善利众以及天人和谐等价值内涵和民族精神有准确的认知和理解；而当文化转译者对布依族的神话传说、崇拜祭祀、舞蹈歌谣等民族文化元素进行数字化转译时，他们则应当能够对布依族的积极进取、谦让贵和、秉公尚义和宽厚包容等民族文化精神特质形成精神共鸣，因为这些价值精神是布依族民族文化的灵魂。中华民族由 56 个民族构成，不同民族的文化元素背后反映了各具特色的民族文化精神，正是这些价值精神支撑着 56 个民族的文化元素绵延至今。因此，在对不同民族的文化元素进行数字化转译的过程中，需要充分理解不同民族文化的内涵和价值精神，在此基础上，将这些文化内涵和价值精神融入数字文化载体，确保数字化转译后的民族文化不仅“形似”转译前的民族文化，更保持价值精神层面的“神似”。

（一）打造专业素质过硬的数字化转译工作队伍

一方面，加强地方高校对民族文化数字化转译人才的培养，构建长效人才培养机制。与一般的综合类大学相比，民族类高校在少数民族生源和民族文化研究上具有显著的优势，因而民族类高校可以立足自身优势，促进民族文化学、传播学、人类学与计算机、信息技术等学科的交叉融合，通过有针对性的课程设置和实习安排，将学生培养成多学科背景融合的复合型技术人才，为将来民族文化的数字化转译等相关工作的展开提供扎实的人才保障。同时，民族类高校还可以探索灵活的培养模式，如开展校企联合培养，让学生能够有机会学习掌握科技创新企业研发的前沿数字化技术，提高民族文化数字化转译人才的培养质量。另一方面，定期举办民族文化数字化转译研修、研习培训班，有针对性地进行数字化转译人员培训，充分挖掘当地具有民族情怀的后辈人才。民族地区基层政府可以充分发挥其动员和组织能力，邀请高水平大学的专家学者和数字化转译实践经验丰富的民族文化产业从业人员到当地开展业务培训，组织当地的民族文化工作者、非遗传承人和其他致力于民族文化保护的自由职业者进行短期学习。通过专业知识学习、课堂研讨、案例展示和模拟实训，帮助学员深化认识、夯实基础、提高技能、解决难题，为当地的民族文化元素数字化转译工作提供人才储备。

（二）实施一批重点民族文化元素数字化转译工程

2017 年，中共中央办公厅、国务院办公厅印发的《关于实施中华优秀传统文化传承发展工程的意见》指出，中华优秀传统文化传承要“坚持创造性转化和创新性发展”的基本原则，并强调要不断赋予传统文化“新的时代内涵和现代表达形式，不断补充、拓展、完善，使中华民族最基本的文化基因与当代文化相适应、与现代社会相协调。”2019 年 9 月 27 日，习近平总书记在全国民族团结进步表彰大会上发表重要讲话时指出：“我们伟大的精神是各民族共同培育的。在历史长河中，农耕文明的勤劳质朴、崇礼亲仁，草原文明的热烈奔放、勇猛刚健，海洋文明的海纳百川、敢拼会赢，源源不断注入中华民族的特质和禀赋，共同熔铸了以爱国主义为核心的伟大民族精神。”作为中华优秀传统文化的核心要素，各民族文化的数字化转译是实现传统文化“创造性转化和创新性发展”的重要步骤。为此，亟须对一批既能凸显民族特性又能彰显中华文化共性的民族文化元素进行数字化转译，如体现农耕文明的哈尼梯田、展现草原文明精神的藏族赛马活动和草原民歌以及承载海洋文明的京族哈节等民族文化元素；将这些文化元素转化为数字化文化形态，适当添加一些现代科技元素和娱乐元素，在互联网平台上对其进行展示和传播，以宣传民族文化形象，传承中华文化基因。同时，还应对濒危民族文化元素予以足够重视，不论是因自然或人为因素而严重损害的物质性民族文化元素，抑或因传承人后继力量不足、传承生态恶化等因素而面临失传的民间技艺，都应及时对其进行数字化转译，使其充分发挥团结民众、增进民族认同的价值功能。

（三）发挥社会主体和政府在民族文化元素数字化转译过程中的作用

民族文化元素的数字化转译是一项系统性社会工程，需要社会多元主体共同努力、协同奋进。在凝聚社会力量（尤其是在外创业打拼的民族同胞）共同保护民族文化方面，应充分发挥非营利机构、民族文化团体等社会组织的组织、号召与协调能力，实现各民族、社会和政府在民族文化元素数字化转译工作上的有效衔接；在人才培养、文化挖掘等方面，须立足于高校和科研院所等事业单位的人才培养和科学研究优势，为各民族源源不断地输送民族文化元素数字化转译的优秀人才，不断探索民族文化数字化转译的新形式、新方法；在民族文化元素数字化转译的技术支持方面，科技创新企业应加大数字技术研发和维护力度，为各民族提供安全可靠的数字化转译技术，并做好技术维护和技术更新等保障工作。对于政府部门而言，应尽快制定民族文化元素数字化转译的规划，就数字化转译内容、不同文化内容适用的转译方式、重点文化转译任务以及转译预期实现的目标等内容进行科学、长远规划布局。同时，政府部门还应协调社会多元主体的努力，使社会多元主体在推进民族文化数字化转译工作的过程中实现优势互补。此外，政府还需对民族文化元素数字化转译的成效进行监管，及时发现并纠正“一味追求新鲜、刺激、猎奇、时髦的‘商业化’”[①] 的民族文化文化转译方式，引导数字化转译在社会主义核心价值观的价值引领下进行，确保各民族文化元素的数字化转译成果不仅能够凸显民族性特质和现代性元素，还能充分展现中华民族优秀传统文化精神。

① 娜仁琪琪格：《新时代少数民族文化的传承与创新发展》，载《人民论坛》,2022 年第 4 期。

第四章
共建共享：乡村公共文化生活的数字营造

数字技术的应用为乡村公共文化提供了新的发展方向和动力。习近平总书记在中共中央政治局第二次集体学习时指出，“大数据在保障和改善民生方面大有作为。要坚持以人民为中心的发展思想，推进‘互联网 + 教育’‘互联网 + 医疗’‘互联网 + 文化’等，让百姓少跑腿、数据多跑路，不断提升公共服务均等化、普惠化、便捷化水平。”2019年5月，中共中央、国务院印发的《数字乡村发展战略纲要》指出，要“把数字乡村摆在建设数字中国的重要位置，加强统筹协调、顶层设计、总体布局、整体推进和督促落实”“利用互联网宣传中国特色社会主义文化和社会主义思想道德，建设互联网助推乡村文化振兴建设示范基地”。党中央、国务院高度重视数字乡村战略的实施，为乡村公共文化的数字化发展提供了有力的政策保障。

第一节　健全乡村公共数字文化服务体系

构建覆盖全社会的公共文化服务体系，是深入贯彻落实党的十九届六中全会重要精神，开创经济、政治、文化、社会、生态五位一体的社会主义建设新局面，实现新时代奋斗目标的重要任务。公共数字文化建设作为公共文化服务体系建设的重要一环，有着十分关键的作用。2021 年 6 月，文化和旅游部印发的《“十四五”公共文化服务体系建设规划》指出，要加强数字文化内容资源和管理服务大数据资源建设、加快公共文化网络平台建设、拓展公共文化服务智慧应用场景。进一步完善示范和试点机制，调动和激励基层的首创精神，引导形成基层公共文化服务创新的新格局新风尚。

公共文化服务不仅在满足人民日益增长的美好生活需要，保障人民基本的文化权益方面发挥重要作用，同时也推动我国文化治理体系和治理能力的现代化发展。乡土文化、农耕文化都发源于农村，农村拥有着发展特色文化产业的丰富资源。但也必须看到乡村公共文化现存的问题，例如乡村公共数字文化服务体系不够完善；数字化建设水平仍显滞后等。新时期，公共数字文化服务体系建设步入新常态，随着社会的不断发展，乡村的经济发展水平以及村民的物质文化生活质量都有了显著提升。因此，必须立足我国公共数字文化服务体系的基本特征与发展规律，逐步完善乡村公共数字文化服务体系。

一、基层综合性文化服务中心的数字化建设

基层综合性文化服务中心主要设置在乡镇、街道层级，是建在乡村群众身边的公共文化设施。基层综合性文化服务中心的功能在于，向基层乡村群众提供图书室、文化馆、舞台演出等设施资源，以形成覆盖面广泛的高水平公共文化服务网，充分发挥它在文化宣传、知识普及等方面的积极作用。

为贯彻落实中共中央办公厅、国务院办公厅《关于加快构建现代公共文化服务体系的意见》精神，国务院于 2015 年 10 月 20 日印发

了《国务院办公厅关于推进基层综合性文化服务中心建设的指导意见》。而且，文化部（现文化和旅游部）、国家新闻出版广电总局（现国家广播电视总局）等五部门于 2016 年 12 月 26 日印发的《关于推进县级文化馆图书馆总分馆制建设的指导意见》指出，“地方各级人民政府和有关部门加大政策支持和资金投入力度，文化馆（站）、公共图书馆（室）设施网络不断完善，服务条件显著改善，但仍存在县级馆服务能力不强、县域内公共文化资源缺乏整合、城乡公共文化服务发展不均衡等突出问题。”旨在着力推动公共文化资源的有效整合、公共文化服务效能的提高、优质资源向基层倾斜和延伸，从而推进现代公共文化服务体系的构建。随着信息技术的发展，推进基层综合性文化服务中心的数字化建设，不仅是构建现代公共文化服务体系的重要内容，更是保障实现公民文化权益的基本途径。

（一）转变管理模式，完善数字化建设

总分馆制是源自西方的一种公共图书馆建设理念，该理念强调通过建立总分馆体系，以总馆为中心、各分馆为切入点，在某个区域范围内以点带面、以面促全，多个分馆工作主体能够形成一种发展合力以互相协调与配合，充分发挥县级总馆在区域公共文化建设中的作用。2017 年 11 月 4 日，第十二届全国人民代表大会常务委员会第三十次会议通过了《中华人民共和国公共图书馆法》，其中第三十一条指出：“县级人民政府应当因地制宜建立符合当地特点的以县级公共图书馆为总馆，乡镇（街道）综合文化站、村（社区）图书室等为分馆或者基层服务点的总分馆制，完善数字化、网络化服务体系和配送体系，实现通借通还，促进公共图书馆服务向城乡基层延伸。总馆应当加强对分馆和基层服务点的业务指导。”

2016 年 12 月，文化部（现文化和旅游部）、国家新闻出版广电总

局（现国家广播电视总局）等五部门印发的《关于推进县级文化馆图书馆总分馆制建设的指导意见》要求，“根据地方实际情况，在试点的基础上积极稳妥推进，主要依托县级文化馆、图书馆和乡镇（街道）综合文化站、村（社区）综合性文化服务中心等进行建设，符合条件的县级馆为总馆，在乡村两级基层综合性文化服务中心设置分馆”。转变基层综合性文化服务中心的管理模式，需要因地制宜推进总分馆制，坚持政府主导、科学规划，根据基层各地的实际发展情况统筹制定相关的规划方案，并由各县（市、区）级政府人民政府具体组织实施。推进数字化建设，要在基层与各级文化馆、图书馆等相关资源之间，通过应用数字技术搭建起互联互通的桥梁，确保基层文化馆、数字农家书屋的建成和创新发展，打造出便捷高效的基层综合性文化服务数字化平台。

（二）加强队伍建设，推行数字化管理

2015 年 10 月，国务院印发的《国务院办公厅关于推进基层综合性文化服务中心建设的指导意见》指出，“鼓励‘三支一扶’大学毕业生、大学生村官、志愿者等专兼职从事基层综合性文化服务中心管理服务工作。加强业务培训，乡镇（街道）和村（社区）文化专兼职人员每年参加集中培训时间不少于 5 天。”2021 年 6 月，文化和旅游部印发的《“十四五”公共文化服务体系建设规划》指出，要“健全公共文化人才队伍培养、激励和评价机制”“鼓励文化艺术职业院校参与实施基层文化队伍培训项目。加大中西部人才支持力度。吸纳村干部、社团文化骨干、退休教师和文化干部等参与基层文化设施的日常运行管理”。人员的管理、队伍的建设是基层综合性文化服务中心数字化建设过程当中的重要一环。从现实情况来看，基层文化服务中心人才队伍存在人员年龄偏大、缺乏过硬的专业素质、流动性较大等问题。而乡村群众对于公共文化服务的需求也日益多样化，因此应完善相应的人员准入程序和培训制度，按照负责制的要求，将人员管理的每个环节具体到相应的部门。

加强队伍建设，既要通过完善政策防止人才流失，更应坚持以人民为中心的理念，不断细化和创新人员考核体系。2021 年 9 月，习近平总书记在中央人才工作会议上指出，“国家发展靠人才，民族振兴靠人才。我们必须增强忧患意识，更加重视人才自主培养，加快建立人才资源竞争优势。”数字化管理是指利用现代网络信息技术量化管理对象和管理行为，是信息化发展的必然趋势，也是促进人员管理模式现代化转变的重要举措。实现基层综合性文化服务中心人员管理的数字化，要以各基层综合文化站为基点，以数字化建设为抓手，完善好基础的软硬件配套设施建设，为人员管理工作赋能增效，不断总结数字化的管理经验并及时优化改进，做到切实转变人才队伍的管理方式。

[典型案例]

郑州推进城乡公共文化服务体系一体建设培训班开班

2020 年 12 月 3 日，为期两天的河南省郑州市推进城乡公共文化服务体系一体建设培训班，在新郑市千稼集培训中心开班。

培训期间，大家实地参观新郑市孟庄镇文化服务中心等基层文化阵地。据悉，“十三五”时期，郑州市公共文化基础建设得到显著提升，已建成基层综合性文化服务中心 2783 个，建成率达 100%；建成图书馆总分馆 191 个、文化馆总分馆 189 个；经过不懈努力，覆盖城乡的公共文化设施网络基本构建完成，城市服务功能有序完善、城市文化品质有效提升。

下一步，郑州市将进一步建立健全城乡公共文化服务一体购买机制，通过政府采购、项目补贴、定向资助等措施，向社会力量购买服务，切实改变传统“自上而下”的供给方式，建立“自下而上、以需定供”的服务方式，按照群众需求“定制”，采取精准服务，实现城乡公共文化服务的供需匹配、无缝对接。

此外，为加强文化与科技融合，郑州市还将运用好互联网传播新平台，通过动漫、抖音、微电影、手机视频等新兴文化传播渠道，搭建数字文化旅游服务网络平台，互联互通，推进公共文化数字化建设，使城乡群众享受到丰富、高效、便捷的公共文化服务，满足城乡群众文化需求。

（资料来源：《郑州推进城乡公共文化服务体系一体建设培训班开班》，2020 年 12 月 4 日《郑州晚报》AA3 版。）

（三）创新服务方式，提高服务效能

推进“订单式”文化需求的数字化统计。基层综合性文化服务中心的宗旨是保障乡村群众的基本文化需求，提升乡村群众的幸福感。对乡村群众的文化需求进行统计有利于更好地推进基层公共文化资源的有效整合和统筹利用，而数字化技术能够使这一过程变得更加智能、便捷。通过自下而上的需求反馈，对乡村群众的文化需求进行数字化统计，以此为基准制定和落实基层综合性文化服务中心的数字化建设方案。相关的政策方案要及时传达，由基层主管部门依照政策方案的具体内容，结合当地的实际情况逐步细化服务标准、完善服务内容、制定整改措施，形成政府与群众之间按需供给的良性互动式服务模式，真正做到“从群众中来，到群众中去。”

完善公共文化“云服务”功能。2021年6月，文化和旅游部印发的《“十四五”公共文化服务体系建设规划》指出，“以各级文化馆（站）为主要阵地，运用5G、云计算、大数据、人工智能、区块链等信息技术，以国家公共文化云为依托，联合地方文化云（地方数字文化馆平台），以移动互联网为主要渠道，打造覆盖全国的安全、便捷、权威、丰富、开放的全民艺术普及公共服务总平台、全民艺术普及资源总库、全民艺术普及文创中心、公共文化和旅游产品交易中心，打造群众文化活动的大集成、大展台。”自新冠肺炎疫情暴发以来，为了配合各级防疫政策，许多基层综合性文化服务中心的场地和设施被临时封闭，线下使用受到限制，乡村群众无法及时享受相关的公共文化服务。这样的局限性恰恰凸显出在线“云服务”功能的必要性。在线“云服务”功能可以破除时间、空间的阻碍，让乡村群众能够随时随地地获取相关讯息、享受相关服务。

[典型案例]

焦作市：以文化振兴提升乡村振兴品质的调查与思考

河南省焦作市把乡村文化振兴作为乡村振兴的铸魂工程，持续推进基层文化阵地建设，大力开展文化惠民活动，创新农村公共文化服务方式。建立“百姓文化超市”网络服务平台，以群众需求为根本，以基层阵地为依托，运用“互联网+”理念，采用“超市化”供应、“菜单式”服务、“订单式”配送的模式。年处理农村群众订单需求3.6万个，惠及群众500多万人次，为广大农村群众提供精准对路的文化产品和服务。创新农村文化活动组织形式。推动“乡村文化合作社”建设，鼓励社会机构、民间团体、农民群众参与公共文化，依托农村业余文艺队伍成立“乡村文化合作社”，把有共同文艺爱好的农民群众组织起来，常态化开展活动，2021 年初，全市第一家乡村文化合作社——北孔庄村文化合作社挂牌成立以来，各地各类乡村文化合作社建设如火如荼，充分激发了群众参与乡村文化建设的内生动力，丰富群众的文化生活。

（资料来源 :《乡村振兴 文化铸魂——焦作市以文化振兴提升乡村振兴品质的调查与思考》，焦作日报。）

二、新闻出版广播电视服务的数字化延伸

2021 年，中央网信办、农业农村部等印发的《数字乡村建设指南 1.0》指出，“乡村网络基础设施包括电信网络和广播电视网络等。网络基础设施应延伸到行政村，具备为农村居民提供网络接入能力，为乡村智能感知系统部署提供网络连接基础。基础电信运营商、广电企业分别是电信服务和广播电视服务的市场主体，应按照国家有关规定履行电信普遍服务和广播电视基本公共服务城乡均等化的义务”。随着科技的快速发展，移动互联网已成为大众获取信息和资源的主要渠道。因此，跨越数字鸿沟，实现乡村新闻出版广播电视服务的数字化具有极其重要的意义。

（一）推进数字广播电视户户通

数字广播电视户户通工程是一项涉及千家万户的“政治工程”和“民生工程”。2000 年，为了进一步推进广播电视“村村通工程”，我国在西藏、新疆等边疆少数民族地区开展了“西新工程”，使西部边远地区的

乡村群众更受益。2016 年，国务院办公厅印发的《关于加快推进广播电视村村通向户户通升级工作的通知》指出，“广播电视村村通工程实施以来，有效扩大了农村广播电视覆盖面，全国已基本消除广播电视覆盖盲区，解决了广大农村群众听广播难、看电视难的问题。但随着经济社会发展和科学技术水平的提高，广播电视服务供给、服务能力和服务手段还不能满足人民群众日益增长的精神文化需求”。2022 年，中央网信办等十部门印发的《数字乡村发展行动计划(2022—2025 年)》指出，要“深入实施智慧广电建设工程，依托有线电视网络承载智慧乡村服务。优化广播电视业务网络,推动广播电视服务走向‘终端通’‘人人通’”。

资源技术方面，要结合各个乡村的具体情况，因地制宜、因户制宜地确定相应的覆盖方案，包括无线、有线、卫星三种技术方式，全面实现数字广播电视的覆盖接收。以“马上就办，真抓实干”的工作作风逐步推进中央广播电视节目及省级节目的无线数字化覆盖，加快全国有线电视网络整合，实现有线网络互联互通，更好地满足不同群体对不同类型广播电视节目的需求。财政资金方面，由各级财政承担和兜底，不向受益用户收取任何费用。同时规范有线电视企业、直播卫星接收设备专营服务企业的运营模式，组织开展服务质量评价，接收乡村用户的反馈，以更好地提升服务水平，丰富乡村群众的精神文化生活。

[典型案例]

怀化强力推进数字广播电视户户通工程 安装开通率达100%

截至2019年12月20日，怀化市数字广播电视户户通工程安装、开通率达100%，全市共完成工程建设32000多户。

69岁的梁博松是鹤城区岩添村人，12月20号，他听说技术人员要来回访，对电视设备上门进行调试，大早便守候在家中。装上“锅子”，不用交电视费了，又方便了很多。“锅子”就是指直播卫星户户通。群众通过户户通接收设施，可免费收看收听61套电视节目和46套广播节目。数字广播电视户户通工程，是2019年湖南省政府确定的12件重点民生实事之一，是一项解决边远贫困地区群众收听收看广播电视节目难的“扶贫工程”。

鹤城区辖区内的农村户口的群众，在有线电视和网络电视不能覆盖的区域都可以申请安装户户通。鹤城区今年的任务是900户，整个工程在11月底以前已经全部安装完毕。

据悉，为确保这项民生实事落地落实，怀化市文旅广体局将“数字广播电视户户通”工程列为2019年为民办实事的项目之一，制定了《关于切实做好数字广播电视户户通工程有关工作的通知》（怀文旅广体〔2019〕40号），并召开数字广播电视户户通工作调度会进行宣传发动，确保把户户通工作落实到各行政村。

截至目前，全市安装开通率达100%。下一步，还将组建专门的维护队伍，负责解决“户户通”使用过程中出现的问题、确保“户户通”长期通、优质通。

（资料来源：《怀化强力推进数字广播电视户户通工程 安装开通率达100%》，怀化市人民政府网。）

（二）探索农村电影放映新模式

农村电影放映工程是一项服务乡村群众的文化娱乐活动，是基层公共文化服务体系的一项重要内容。1998 年，国家广电总局等部门提出在广大农村实现“一村一月放映一场电影的目标”的“2131 工程”；2007 年，国家广播电影电视总局（现国家广播电视总局）出台了《农村数字电影发行放映实施细则》；2007 年，国家广播电影电视总局（现国家广播电视总局）等部门印发了《关于做好农村电影工作意见的通知》；2019 年，国家发展改革委等部门印发了《加大力度推动社会领域公共服务补短板强弱项提质量 促进形成强大国内市场的行动方案》；2021 年，第十三届全国人大第四次会议通过的《中华人民共和国国民经济和社会发展第十四个五年规划和 2035 年远景目标纲要》指出，“推动农村电影放映优化升级”。农村电影放映工程经历了二十多年的探索与发展，已有一定的基础。然而，要想更好地满足乡村群众的需求，应规范农村电影放映秩序，提高放映管理和服务水平，以促进基层公共文化服务体系建设。

一是推广农村电影数字化放映。随着时代的发展，农村电影放映逐步告别老式的胶片放映，逐步转向数字化放映。由数字化电影放映设备为乡村群众播放画质更清晰、音质更好的影片，将有力地推动全国农村电影数字院线发展。

提高农村电影数字院线公司的市场经营能力。2018 年，国家互联网信息办公室发布的《数字中国建设发展报告（2017 年）》指出，“农村电影放映工程建成农村数字院线 252 条、放映队约 5 万支”。2021 年，国家电影局发布的《“十四五”中国电影发展规划》指出，要“加快乡镇影院建设：重点扶持人口较为密集，对周边具有辐射影响，经济实力较强的乡镇，所建影院放映厅应达到 2 个以上，座位数合计不少于

100个，安装使用2K以上数字放映设，且加入城市电影院线”“推动院线对加盟影院加强管理、提升服务。对不符合条件的电影院线制定整改计划，力争在2025年前整改完成”。各级政府要从实际出发，因地制宜，统筹规划，认真制定农村电影改革发展和数字化放映的工作方案，为农村电影的持续发展打下基础。

加强对农村电影放映工程的组织规划能力。不断完善GPS、GPRS和放映信息回传技术，建立以省为单位的监管平台，对农村电影的放映部数、放映场次、观众人次、放映收入进行详细的统计，确保电影放映数据真实有效。各级政府部门要建立灵活、高效的农村电影管理体制，在政策制定、信息发布、检查监督等方面引导农村电影数字化放映的有序开展。

[典型案例]

湖北省黄冈市新农村电影数字院线乘风破浪铸辉煌

黄冈市是湖北省的农业大市。2008年黄冈率先成立了湖北省第一家地市级新农村数字电影院线公司，担负着全市4195个村50340场农村公益电影的放映任务。“十三五”以来，黄冈市新农村数字电影院线公司放映农村公益电影故事片26万余场，其中放映爱国主义校园电影17570场，学生观众达403万余人次；放映广场电影14750场，观众达418万余人次；放映社区电影10169场，观众达209万余人次。

实施综合管理，确保提高优质服务。黄冈市新农村数字电影院线公司于2016年初制订《黄冈市农村数字电影放映员工作手册》，对放映员的场次任务、设备管理、规范放映要求、安全责任等进行了明确的规定。通过数字电影监控平台、GPS

远程监控系统、放映机日志、放映短信、微信、手机水印相机定位拍照、放映点现场抽查等多种方式，进行放映场次的核实、监管，确保了放映场次真实有效，实现了放映管理标准化、规范化和安全化。为切实有效提高放映质量，培养流动数字放映及设备修护的复合型放映人才。

创新发展思路，多措并举实现双赢。创新“菜单式”订片。建立“互联网＋公益电影”农村电影微信公众平台。利用此平台及时公布最新农村公益影片信息、节目预告、院线新闻等。运用“互联网＋公益电影”模式，创新思路，节约了运营和时间成本。结合群众需要的“口味”和科普需求，有的放矢地采取“多次少量、自下而上，以需订供”的菜单订片，放映优秀国产影片。映前张贴海报、播放广播、上公示栏等成为放映员的规定动作，极大程度地提高了群众对电影放映的知晓率和满意度。

（资料来源：《农村电影“十三五”发展纪实之院线篇》，电影数字节目管理中心。）

二是扶持农村电影公益性放映。提高认识、明确职责。2018 年 8 月 21 日，习近平总书记在全国宣传思想工作会议上指出，“做好新形势下宣传思想工作，必须自觉承担起举旗帜、聚民心、育新人、兴文化、展形象的使命任务”。作为责任主体，省、市、县三级电影主管单位和部门应当对本地区农村电影放映工作的开展进行指导、协调和监督，在内容选取方面，不能忽略“三农”题材的影视作品。农村电影院线公司应协助电影主管部门，组织实施经营区域内的农村电影公益放映活动；在乡村设立电影放映设备维修站，并由维修站负责所在区域的设备维护维修与保修保养工作。

完善机制、加强监督。将农村电影公益放映机制在影片供给、放映场次补贴、放映形式等方面进一步规范化，坚持“少量多次”的订片原则，创新并不断优化以需定供的群众“点单”式放映方式。每个行政村全年播放国产新片（院线上映不超过 2 年）比例不少于 1/3，鼓励和支持少数民族语电影译制和放映。结合重大主题活动和重要时间节点，组织开展不同形式的公益电影主题放映活动，深入村屯、广场、社区、校园、易地扶贫安置点、企业等场所开展公益放映活动。推动电影放映由室外向室内、由流动向固定点转变，在具备条件的地方，推进乡镇影院建设，探索“公益 + 商业”的放映模式。

［典型案例］

湖南不断提升农村公益电影放映成效

“十三五”规划实施以来，湖南省充分发挥电影的宣传阵地作用，开展主题放映活动和涉农政策宣传，多措并举丰富电影节目，不断提高农村公益电影放映成效。年度放映任务场次为 503064 场，覆盖 122 个县（市区）、41922 个村。“十三五”期间，两个体系相互协作，指导 1666 个流动放映队完成了年度放映任务，累计完成农村电影放映 260 余万场。

为满足农村观众喜爱戏曲电影的需求，有效传承和弘扬优秀传统文化，湖南实施了经典戏曲电影拍摄项目，现已制作完成了《五女拜寿》《老表轶事》《李三娘》等 9 部湖南经典戏曲电影。千万人次农村观众通过银幕观赏到了他们喜爱的湖南地方戏。

为提高放映质量，提升公共文化服务成效，湖南于 2017 年启动了设备更新工作。湖南省农村电影放映设备更新工作完成。新设备采用了“4G+GPRS+GPS”等新技术，能将放映地点、时间、内容等信息及时快速地传输到湖南农村电影流动放映监管平台。

湖南农村电影流动放映监管平台始建于2010年，是全国符合流动数字电影GPRS监管平台通信技术要求、基于GPS定位和GPRS数据传输的省级流动放映监管平台。监管平台可以对每场电影、每条广告等进行放映时间、地点、内容的远程监控，并具有现场照片回传功能，可以进行同步数据统计。该平台是湖南省农村电影放映工程管理和财政补贴资金发放的重要抓手和依据。

（资料来源：《农村电影“十三五”发展纪实之省区市篇》，电影数字节目管理中心。）

（三）推进农家书屋延伸服务和提质增效

2011年11月，文化部（现文化和旅游部）和财政部印发的《关于进一步加强公共数字文化建设的指导意见》提出，“重点实施文化共享工程、数字图书馆推广工程和公共电子阅览室建设计划，加强统筹，协调发展，提升三大公共数字文化惠民工程”。旨在聚焦痛点、难点，提升书屋服务效能，引领乡村阅读风尚，打造乡村公共数字文化服务样本。2019年2月，中央宣传部等十部门印发的《农家书屋深化改革创新 提升服务效能实施方案》提出，要在总结经验的基础上不断创新、网上网下协同推进，推动资源共享，解决资源闲置问题，拓展农家书屋阅读活动的组织形式，创新农家书屋宣传内容和方式，做好农家书屋服务的“最后一公里”。

推出“乡村阅读季”“最受欢迎图书推荐”“打卡阅读100天”等系列活动，承办单位要选择具备相应资质的出版机构。推动云计算、人工智能等新一代数字技术在智慧书屋传播推广中的应用，以农家书屋为平台，采取线上线下相结合的方式，促进新兴阅读与传统阅读的交互融合。构建“百姓点单”服务模式和“互联网 +”阅读模式，优化资源存储和文化传播的相关应用和网站，增加数字化阅读产品和服务供给。要进一步强化数字农家书屋资金保障、人才队伍建设、运行维护、服务监督等长效机制建设，引导更多的乡村群众参与到数字书屋的建设中来。从而，让农家书屋的数字化服务真正落到实处，提高其使用效率，防止“农家书屋”成为“仓库”。

三、乡村公共数字文化工程的新媒体推动

近年来，随着互联网的快速发展，新媒体为乡村公共数字文化工程的发展提供了多元途径。2022 年 2 月 25 日，中国互联网络信息中心（CNNIC）在京发布的第 49 次《中国互联网络发展状况统计报告》显示，截至 2021 年 12 月，我国网民规模达 10.32 亿人，较 2020 年 12 月增长 4296 万人，互联网普及率达 73.0%。基于此背景，应充分利用新媒体的助推作用，结合国家文化馆、图书馆等相关数字资源，积极打造乡村公共数字文化服务示范平台，广泛开展流动文化服务，扩大公共文化服务的覆盖面。要切实把“乡村文化振兴战略”和“公共数字文化工程”扎根农村，深入基层，使乡村群众获取优质的数字文化资源更加便捷，全面提升农村公共数字文化服务水平。

（一）资源建设方面

优化升级乡村公共数字文化基础设施。目前全国各地的乡村公共数字文化工程经过多年的建设，已挖掘和积累了大量的地方性特色服务资源。但是，原有的资源建设成果在当下不能很好地适应移动互联网的发展需要，在后续投入服务的过程中，需要经过转换和再次编辑

才能有效运行，盘活存量资源成为制约各地公共数字文化服务发展的一个重要因素。2022 年 1 月 26 日，中央网信办等十部门印发的《数字乡村发展行动计划（2022—2025 年）》提出，要“持续实施电信普遍服务，开展农村地区 4G 基站补盲建设，逐步推动 5G 和千兆光纤网络向有条件、有需求的乡村延伸。持续推进城市农村‘同网同速’，优化提升农村宽带网络质量”。政策的落实使得流量与宽带不再成为限制乡村公共数字文化发展的因素。从现实情况来看，基层依托公共数字文化服务平台进行线上和线下活动整合的效果亟待提升。这就要求结合多样化的新媒体形式，对相关的基础设施以及平台的内容和功能进行创新和优化，加快推进基层文化服务中心的数字化进程，以更好地满足乡村群众的文化需求。

打造乡村公共数字文化新媒体阵地。一方面，要以社会主义核心价值观和优秀传统文化为价值引领，遏制不良信息在农村的传播，不断完善县乡级融媒体中心的公共文化服务功能。另一方面，要推进不同地区之间融媒体中心的交流与协作，规范宗教文化服务，通过多样化的新媒体形式在乡村进行法规政策的宣传普及工作。

推进乡村公共文化资源数字化。各级政府应按照国家文化数字化战略要求及国土空间基础信息平台数据标准，结合新媒体的发展趋势，加快建设当地公共文化资源信息管理系统。积极提供虚拟现实 / 增强现实（VR/AR）展示沉浸式体验，以对农村公共文化资源进行数字化保护，包括传统村落的基本信息、非物质文化遗产资源以及农村地区国家级非遗代表性传承人技艺。2022 年 1 月 26 日，中央网信办等十部门印发的《数字乡村发展行动计划（2022—2025 年）》指出，“加快推进历史文化名镇、名村数字化工作，完善中国传统村落‘数字博物馆’。加大文物资源数字化展示传播与进村力度，推出一批‘数字文物资源库’和‘数字展览’”。

［典型案例］

“永乐大典”保护传承项目

配合有关部门做好国内外各收藏机构存藏《永乐大典》收集整理工作，对国内存藏《永乐大典》开展全文数字化建设，推进海外存藏《永乐大典》的数字化回归，做好《永乐大典》研究和整理出版工作，筹建《永乐大典》研究中心，推动《永乐大典》申报《世界记忆遗产名录》。

（资料来源：《“永乐大典”保护传承项目》，《“十四五”公共文化服务体系建设规划》。）

乡村公共文化资源的数字化与新媒体推动密切相关。应发挥好新媒体的优势，推行“大众点单”模式，对乡村群众的文化需求进行统计汇总，对中华文化资源进行普查。对乡村特色的文化资源进行整合，进而“按需制单”，提供大众期待的乡村公共数字文化服务。同时不断加以创新，通过新媒体的新颖性、便捷性等特点，使乡村公共数字文化资源得到更广泛的利用，力争成为真正让乡村群众满意的乡村公共数字文化工程。

（二）宣传推广方面

培育乡村代言人。2021 年 6 月，文化和旅游部印发的《“十四五”公共文化服务体系建设规划》中提出，“以‘我的家乡我代言’为主题，依托各级文化馆（站），采用微综艺新媒体节目形式，广泛发掘、培育一批优秀‘乡村网红’，推介乡村文化和旅游资源，引领乡风文明建设。”李子柒于 2015 年开始拍摄美食短视频，担任成都非遗推广大使，其视频的拍摄内容和拍摄风格细腻且新颖，充分利用了新媒体传播的优势。2018 年，李子柒拍摄的原创农村生活短视频相继获得了 YouTube 平台白银和烁金创作者奖牌，同时关于李子柒的相关话题成了热点，使得国内外大众对于中国乡村公共数字文化有了更深层次的了解。视频的高点击量和高传播量也说明乡村公共数字文化的传播和发展离不开群众基础，而连接起这两者的正是新媒体。

推进群众代言机制。要想激发群众为乡村代言的热情，首先要因地制宜，完善公共数字文化服务体系，丰富乡村的文化内涵，群众满意才能激发其内生动力。应向群众系统地介绍当地的特色文化，构建文化升级平台，定期开展创意文化活动，鼓励大众借助 5G 传播优势，积极参与并不断创新内容。通过拍摄创意短视频、发布打卡攻略等多种方式，让乡村公共数字文化有更广泛的传播范围和更好的传播效果，逐步形成具有地域特色的公共数字文化发展产业。

挖掘地方文化资源。要借助数字技术，将乡村地域特色、经典历史故事、特殊风土人情等融合在一起，打造出群众喜爱且内容形式新颖的文化作品，形成特色品牌栏目。乡村居民对于当地文化的生成和发展有着独特的认知优势，因此应借助数字技术搭建起与乡村居民交流互通的桥梁，及时接收意见与反馈，激发村民参与乡村公共数字文化工程建设的积极性、主动性和创造性。

[典型案例]

“炎陵黄桃”获“湘农品牌”栏目推介

2017 年 6 月中旬，“湘农品牌”栏目摄制组走进炎陵，对株洲地区唯一登榜 2016 湖南十大农业品牌的“炎陵黄桃”进行了专题拍摄，并赶在“炎陵黄桃”上市之前进行宣传推介，进一步扩大“炎陵黄桃”品牌影响力，助推黄桃畅销。

“湘农品牌”栏目由省农委与湖南卫视国际频道联合创办，旨在加快推进省农业品牌建设，提升农业品牌的知名度、美誉度和市场竞争力。“湘农品牌”栏目每期20分钟，在湖南卫视国际频道周六18:30播出，并在各大新闻媒体播出推介。栏目内容为2016年湖南十大农业（区域公用）品牌的宣传推介；农产品地理标志认定、有机食品认证、国家驰名商标以及部分省著名商标的区域公用品牌、产品品牌、企业品牌的宣传推介；农业品牌建设培育好的经验做法。

（资料来源：《“炎陵黄桃”获“湘农品牌”栏目推介》，炎陵县人民政府网。）

四、乡村公共体育服务体系的数字化覆盖

推进乡村公共体育服务体系建设不仅能够满足乡村群众对美好生活的向往，也能为全面推行乡村振兴奠定了坚实基础。近年来，随着互联网的普及，健康观念越来越深入人心，乡村居民对公共体育服务的需求日益增多，单纯的线下公共体育服务显然不足以满足人们的需求。因此，要结合数字化的技术手段为村民提供公共体育服务，在此过程中需做好以下几点工作。

（一）推动乡村公共体育资源全覆盖

2016年10月，中共中央、国务院印发的《“健康中国2030”规划纲要》提出“共建共享、全民健康”的战略主题以及“健康优先、改革创新、科学发展、公平公正”的原则，同时强调要“统筹建设全民健身公共

设施，加强健身步道、骑行道、全民健身中心、体育公园、社区多功能运动场等场地设施建设。到2030年，基本建成县乡村三级公共体育设施网络，人均体育场地面积不低于2.3平方米，在城镇社区实现15分钟健身圈全覆盖。推行公共体育设施免费或低收费开放，确保公共体育场地设施和符合开放条件的企事业单位体育场地设施全部向社会开放。加强全民健身组织网络建设，扶持和引导基层体育社会组织发展。”随着《“健康中国2030”规划纲要》的实施以及促进体育事业发展系列文件的出台，乡村群众的生活方式也在不断发生着变化，体育健康方面的服务需求变得更加突出。与城市相比，农村在公共体育服务方面存在的不足更加明显。随着信息技术的发展，现有的乡村公共体育活动内容、形式过于单一，难以满足不同层次村民多样化的需求。在现行的管理体制下，基层政府之间缺乏协同，往往会出现信息孤岛现象。信息孤岛会带来诸多问题，其中包括工作人员之间信息不对称，各自为政，从而造成资源浪费。未来要加大乡村公共体育设施的供给力度，完善基层政府数字化协同运营体制，推动建立乡村数字化公共体育服务运营中心，对公共体育文化服务设施不完善的乡村进行资助扶持，从“硬件”上为乡村公共体育服务体系的完善打好基础。

（二）优化乡村数字化公共体育服务

目前在乡村地区，公共体育服务的内容和服务形式仍以传统模式为主，没有充分利用信息技术的优势，亟待优化。信息技术为乡村公共体育服务模式的转变带来了新的发展机遇，推动着乡村公共体育服务从过去的传统、封闭转向多样、开放的发展状态。数字化公共体育服务是将公共体育服务与现代信息技术相结合，通过数字赋能对以往的服务内容与模式进行变革，从而使城乡的公共体育服务资源能够逐步实现平衡，乡村公共体育服务落后的问题得到改善。公共体育服务数字化可以将农村地区地域分散所带来的制约作用最小化，真正实现资源共享。

要构建城乡一体化数字公共体育服务平台。该平台的构建需连接城乡两个主体，采取“总站 + 分站”的模块化分级管理模式，不断完善管理权限的设置，对乡村数字公共体育服务平台进行定期的维护与更新。在实施的过程中要做到管理过程的精细化、透明化、人性化，及时公布服务热线、微信、微博等平台官方账号，以畅通大众的咨询与反馈通道。从而，进一步提升政府与市场、社会组织、乡村群众之间信息交互的全面性、及时性与准确性，切实发挥数字公共体育服务平台的工作效能，不断满足乡村群众日益增长的公共体育服务需求。

（三）开展乡村数字化程度摸底和扫盲工程

2019 年 5 月，中共中央办公厅、国务院办公厅印发的《数字乡村发展战略纲要》指出，“到 2025 年，数字乡村建设取得重要进展。乡村 4G 深化普及、5G 创新应用，城乡‘数字鸿沟’明显缩小……到 2035 年，数字乡村建设取得长足进展。城乡‘数字鸿沟’大幅缩小，农民数字化素养显著提升。农业农村现代化基本实现，城乡基本公共服务均等化基本实现……到本世纪中叶，全面建成数字乡村，助力乡村全面振兴”。要使数字公共体育服务在农村发挥应有的作用，就需要对农村“数字弱势群体”进行摸排与扶助，避免该群体对资源的使用受限。

移动终端的普及使得乡村群众有更多机会利用网络体育服务资源。2022 年 2 月起，网络上健身操备受追捧。这样的体育锻炼形式不仅可以以个人为单位，也可以以乡村集体为单位，使人人都有接触公共体育服务资源的机会。2022 年 4 月 20 日，中央网信办等五部门印发的《2022 年数字乡村发展工作要点》指出，“加大对脱贫地区特别是国家乡村振兴重点帮扶县宽带网络升级改造支持力度。继续面向脱贫户开展精准降费……鼓励中央企业结合定点帮扶工作，积极开展脱贫地区数字乡村项目开发，加强基础设施建设、运营模式创新和利益联结覆盖。”政府要运用数字技术分析乡村群众的体育服务偏好，并将其与基层政府公共体育的项目开展结合起来，优化乡村数字公共体育服务的水平和质量。

[延伸阅读]

“十三五”期间我国文化建设成就综述

打通服务群众“最后一公里”，文化和旅游公共服务体系建设“十三五”期间取得重要进展。尤其是变政府“端菜”为百姓“点单”，将可口可心的文化大餐送上门，大大提升了服务效能。

5年来，公共文化设施网络日益完善，公共图书馆、文化馆（站）、公共博物馆、公共美术馆等公共文化设施继续免费开放，县级文化馆、图书馆总分馆制建设扎实推进。截至2020年6月，共建成基层综合性文化服务中心56万个，覆盖率超过95%。

2019年冬2020年春来袭的新冠肺炎疫情，对全国公共文化机构功能是一场考验。

上海图书馆推出疫情防控新动态、免费电子书单、微讲座等系列资源合集；国家博物馆在线营造“云看展”“云直播”等云游览模式；成都市文化馆利用慕课功能开展线上培训，手机摄影、中国山水画、藏族舞等精品课程的学习名额很快被一抢而空……闭馆不闭网、资源汇“云端”，宅家“云观展”“云学习”成为文化生活新方式。

（资料来源：《“十三五”期间我国文化建设成就综述》，新华网。）

第二节　实现乡村公共文化服务精准供给

乡村文化建设是推进乡村振兴的内在动力，乡村公共文化服务的精准供给是实现乡村文化繁荣的必经之路。2016 年 12 月 25 日，第十二届全国人民代表大会常务委员会第二十五次会议通过的《中华人民共和国公共文化服务保障法》提出，公共文化服务是“由政府主导、社会力量参与，以满足公民基本文化需求为主要目的而提供的公共文化设施、文化产品、文化活动以及其他相关服务”。2021 年 6 月，文化和旅游部印发的《“十四五”公共文化服务体系建设规划》指出，“聚焦供需矛盾，深入开展供给侧结构性改革，注重需求侧管理。推动建立集需求采集、采购配送、监督管理、反馈互动等于一体的公共文化产品与服务平台”。新时期，人们对美好生活的向往中包含更多的文化期待。当前乡村公共文化服务存在“供需错位”现象，关键要找准乡村群众的文化需求，从需求端、资源库、政策链、供给侧四个方面进行规划，提升供需的匹配程度。

一、需求端的精准识别

2018 年 9 月，中共中央、国务院印发的《国家乡村振兴战略规划（2018—2022 年）》指出，“建立农民群众文化需求反馈机制，推动政府向社会购买公共文化服务，开展‘菜单式’‘订单式’服务。”2021 年 6 月，文化和旅游部印发的《“十四五”公共文化服务体系建设规划》提出，

“精准对接人民群众文化需求……针对不同地域不同群体文化需求，统筹做好特殊群体公共文化服务供给”。

（一）建立农民群众文化需求反馈机制

进入新时代，我国社会主要矛盾已经转化为人民日益增长的美好生活需要和不平衡不充分的发展之间的矛盾。乡村公共文化服务的本质是要为大众提供与其需求适配的公共文化服务，切实做到文化惠民。这就要求政府能够掌握乡村群众的文化需求。以往收集乡村群众公共文化服务需求的方式较为局限，存在信息失真。运用数字技术对乡村群众的文化需求进行数字化收集、统计与归纳，并进行行为分析，更好地了解乡村群众的真实文化需求。让乡村公共文化服务“自下而上”“个性化供给”“智能化供给”的服务模式成为现实，进一步提升乡村公共文化服务的效率和精准度。

基层政府应建立面向乡村群众的反馈平台，变“一锅煮”为“菜单式”，以乡村群众反映的公共文化服务需求为导向，制定政府采购公共文化服务清单。随着互联网技术的发展，乡村大众的生活越来越呈现“数字化”趋势，人们在公共文化服务场所中的各类行为信息都会被加以收集整合，使得“公共文化需求统计”这一环节变得更为智能便捷。乡村公共文化服务提供者通过合理有效的反馈机制，不断完善公共文化服务供给体系，使所供给的公共文化服务获得乡村群众的好评；同时，让群众从乡村公共文化服务的“接受者”转变为乡村公共文化服务的“参与者”，进一步提高乡村群众的满意度。

（二）推动基层政府向社会购买公共文化服务

2019 年 11 月，文化部（文化和旅游部）、财政部等印发的《关于做好政府向社会力量购买公共文化服务工作的意见》指出，要“立足群众需求，创新购买方式。以满足人民群众基本公共文化需求为目标，突出公共性和公益性，不断创新政府向社会力量购买公共文化服务模式，建立‘自下而上、以需定供’的互动式、菜单式服务方式，推动公共文化服务供给与人民群众文化需求有效对接”。2021 年 6 月，文化和旅游部印发的《“十四五”公共文化服务体系建设规划》指出，“深入推进政府购买公共文化服务……搭建购买公共文化服务供需对接平台。加强购买公共文化服务的监督管理……将推进购买公共文化服务与培育公共文化服务社会化力量结合，建立健全承接主体资质评价机制，提升社会化承接组织服务能力”。

但社会力量参与乡村公共文化服务的过程也存在一定的不足。首先，企业、社会组织等面临乡村公共文化服务准入标准相对笼统，审批程序较为复杂的困难。其次，社会力量在提供乡村公共文化服务的过程中缺乏活力。再次，社会力量持续参与乡村公共文化服务的主动性不高。面对这些问题，基层政府可拟定《政府购买服务指导性目录》《群众文化需求反馈机制》《公众评价方案》，定期购买精品文化服务项目，与各专业机构建立长效合作机制。乡村群众的文化需求信息在数字化技术的处理下能够迅速呈现，政府引导社会力量参与到乡村公共文化服务中来，实现乡村公共文化服务供给主体的多样化，推动乡村公共文化服务的社会化发展。

二、资源库的智能扩容

2022 年 5 月，中共中央办公厅、国务院办公厅印发的《关于推进实施国家文化数字化战略的意见》指出，“到‘十四五’时期末，基本建成文化数字化基础设施和服务平台，形成线上线下融合互动、立体覆盖的文化服务供给体系。到 2035 年，建成物理分布、逻辑关联、快速链接、高效搜索、全面共享、重点集成的国家文化大数据体系，中华文化全景呈现，中华文化数字化成果全民共享”。数字化技术的应用能够有效拓展乡村公共文化服务的范围，加快推动乡村公共文化服务体系的整体性建设，这需要建立内容丰富全面、分类分级明晰的乡村公共数字文化资源库，并不断地进行更新和扩充。

随着乡村公共文化数字服务体系的不断完善以及互联网移动智能终端设备的普及，公共文化服务资源与设施的在线式体验日益便捷，不再受时间和空间的限制。例如“慕课”App 将大规模的课程做成在线开放教育资源，使得乡村群众通过 App 就可以远程进入不同的课堂、学到相应的知识，创设了新型的公共文化服务空间。

（一）推动乡村公共文化服务资源数字化升级

2022 年 4 月，中国新闻出版研究院发布的第十九次全国国民阅读调查结果显示，2021 年公共阅读服务指数为 67.66 点，较 2020 年的 67.63 点提高了 0.03 点。可见，我国在公共阅读方面存在的潜在群体规模庞大，乡村公共文化服务的总需求量也相对较高。当今农村地区群众对于公共文化服务的需求呈现增长态势，但乡村公共文化服务仍存在设施落后、供需不对等、资源匮乏等问题。在乡村公共文化服务体系的建设过程中，我们应从过去的实践中总结经验教训，基层政府应将原有的纸质图书报刊、场馆空间等资源设施进行数字化转变，打造线上云空间的智能服务。这样可以满足不同乡村用户群体的个性化需求，增强公共文化服务满意度。

（二）加大对乡村公共文化服务建设的投入

与城市相比，乡村的公共文化服务体系建设相对落后。首先，应适量加大资金的投入。一是上级政府设立乡村公共文化服务体系建设专项资金，专项拨款要专门化使用，及时公布资金明细，接受乡村群众的广泛监督。二是在基层政府的经费中拨付一定比例的资金支持乡村公共文化服务体系建设，整合现有资源，保障文化服务设施的有效运营，避免造成资源浪费。其次，应当加强队伍建设。一是建立人才激励机制，包括物质激励和精神激励，如工作补贴措施、绩效收入制度、特定表彰制度等。激发广大乡村文化工作者的积极性，吸引专业化的文化服务人才投入乡村公共文化建设，组织和协调公共文化的活动开展和项目运营。二是保持社会力量参与的连续性。积极鼓励、引导社会各界力量参与公共文化活动，充分利用当地资源，邀请高校师生参与公共文化服务建设和群众性文化活动，同时倡导积极向上的公共文化导向，营造良好的文化氛围。

三、政策链的互动建构

公共文化服务是公共文化的实现形式，而公共文化服务政策是社会治理的重要工具，影响着公共文化服务的方方面面。政府是公共文化服务的重要提供者，在以往乡村公共文化服务政策的制定和实施过程中，政策制定主体极少将大众的意见考虑进去，仅采取“自上而下”的政策制定模式，忽视了不同地区之间发展水平的差异性以及不同群体之间文化服务需求的多样性，大大降低了乡村公共文化服务的满意度。因此，需要设立专家咨询小组，不断为当地的公共文化服务体系的发展出谋划策。

数字技术能够更好地在乡村群众与公共文化服务政策的制定主体之间搭建起双向沟通的桥梁，使乡村群众能够在政策的制定和实施的过程中掌握知情权、参与权与话语权，也让乡村公共文化服务政策的制定和实施过程更生动、更透明。

（一）树立健康向上的价值导向

坚持“以民为本”，以社会主义核心价值观为引领，以公共利益为政策制定的出发点和落脚点，结合当地的实际情况进行科学规划。要保证政策定位明确、内容丰富且与时俱进，引导提升村民素质、塑造行为规范，为乡村公共文化服务的丰富和发展打造良好的基础。基层政府应依照公共性与紧迫性程度，对公共文化服务和产品等资源进行优先排序，“生存型”公共文化服务优先于“享受型”公共文化服务，而对于地方特色、民族特色的文化，政府要给予政策方面的倾斜，防止优秀传统文化被遗忘。

（二）立足公共文化服务的交互性

随着信息技术的发展和农村移动终端设备的推广使用，乡村群众拥有了向外界反馈公共文化服务相关信息的媒介。2022 年 2 月，中国互联网络信息中心（CNNIC）在京发布的第 49 次《中国互联网络发展状况统计报告》显示，“截至 2021 年 12 月，我国农村网民规模达 2.84 亿人，农村地区互联网普及率为 57.6%，较 2020 年 12 月提升 1.7 个百分点；城乡地区互联网普及率差异较 2020 年 12 月缩小 0.2 个百分点”。由此说明，农村地区的数字化水平已有了显著提升，为乡村群众在线表达文化诉求提供了现实条件。在此基础上推出“互联网 +”云服务模式，开放智能应答系统，结合大数据分析法，向乡村群众推送偏好信息。

（三）推动城乡公共文化服务均等化

党的十八大以来，我国城乡公共文化服务体系建设取得了显著成效，但城乡发展不平衡问题仍存在。2018 年 9 月，中共中央、国务院印发的《乡村振兴战略规划（2018—2022 年）》指出，“支持‘三农’题材文艺创作生产，鼓励文艺工作者推出反映农民生产生活尤其是乡村振兴实践的优秀文艺作品。鼓励各级文艺组织深入农村地区开展惠民演出活动。加强全民阅读进家庭、进农村，提高农民科学文化素养。”2021 年 6 月，文化和旅游部印发的《“十四五”公共文化服务体系建设规划》指出，“推进城乡‘结对子、种文化’，加强城市对农村文化建设的对口帮扶，形成常态化工作机制。创新实施文化惠民工程，引导优质文化资源和文化服务更多地向农村倾斜。”要大力开展数字服务，打通公共文化服务“最后一公里”，建立公共文化服务城乡联动机制，实现城乡公共文化服务资源整合和互联互通，切实保障乡村群众的基本文化权益，促进社会公平的实现。

四、供给侧的在线联动

乡村公共文化服务的精准供给可以协调供需矛盾，有效满足村民的精神文化需求，对实现乡村振兴具有重要意义。乡村公共文化服务精准供给的关键在于以需定供。2021 年 6 月，文化和旅游部印发的《“十四五”公共文化服务体系建设规划》指出，要“积极推动公共文化服务融合发展。落实开放共享理念，统筹各领域资源，找准关键节点，推动融合创新，进一步优化公共文化服务发展生态。”乡村公共文化服务供给侧要以乡村群众公共文化服务的需求为导向，不断优化公共文化服务资源配置的方式以提升配置效率。深入挖掘乡村公共文化服务的供给潜力，结合现代化数字技术，确保乡村公共文化服务的可及性，实现供需对接平衡，推进现代化乡村公共文化服务供给侧的“精准供给”。

从客体需求的角度看，乡村公共文化服务精准供给应符合乡村群众的文化服务需求，并确保其需求符合国家、社会、时代的发展要求；从供给主体的角度看，乡村公共文化服务供给主体应在社会主义核心价值观的指引下，合理配置公共资源，确保公共文化服务供给与乡村群众需求的精准对接。

将乡村公共文化服务与数字技术相结合，打破了非政府主体参与乡村公共文化服务供给的种种限制，挖掘其他公共文化服务供给主体的潜力，扩大了乡村公共文化服务的供给主体范围。数字技术为乡村群众提供了多样化的传播媒介。例如，乡村群众可以在抖音、微博、豆瓣等网络平台上将乡村公共文化服务的场景内容进行实时传递，这有利于提升当地公共文化服务的知名度以及乡村群众对当地公共文化服务的满意度。

（一）加强农村科普工作

加强农村科普体系建设对提升乡村群众文化素养具有重要意义。当群众习惯从移动互联网上获取资讯时，公共文化服务就不能仅停留在物理空间。要想提升乡村公共文化服务效能，就必须将新风尚、新技术与乡村群众的文化需求相结合，广泛开展“数字下乡”活动。科普工作是一项系统性的工作，新时期的农村科普担负着新的历史使命，需要各部门加强协作,注重农村科普阵地建设。通过开展“科普月”“数字周”等系列科普宣传活动，推动全民数字化阅读进农村、进家庭，提升农民的公共文化素养。

（二）建造“文化共享工程”

依托共享工程网络体系，以实现“精准供给”为目标，建造包含丰富数字文化资源的乡村公共文化数字化智能服务端，涵盖发布场馆资讯等文化馆（站）各项数字化服务业务功能，进一步丰富基层文化馆（站）数字公共文化服务的内容。通过数字电视网、互联网等方式将文化资源与基层互通，实现全国范围的公共文化资源共享。完善基层文化服务机构的反馈和评估机制，一改传统乡村公共文化数字服务封闭、垄断、单向的缺点，提升基层图书馆和文化馆的网络服务水平，有效缩小城乡在公共文化服务供给上的差距，使乡村群众的公共文化权益得到更好的保障。

（三）建设乡村公共文化服务“点单平台”项目

2021 年 6 月，文化和旅游部印发的《“十四五”公共文化服务体系建设规划》指出，要“推动建立集需求采集、采购配送、监督管理、反馈互动等于一体的公共文化产品与服务平台。完善‘订单式’‘菜单式’‘预约式’服务机制，加快实现文化资源网上配送、场地网上预订、活动网上预约等功能。”依托基层公共文化云服务，以乡村为重点，从乡村群众的文化需求出发，运用现代数字化信息技术，搭建起文化活动、文化设施、文化遗产、文化体育、文艺演出、文化活动直播、个性推送等多种功能融为一体的乡村公共文化服务体系。

第三节　广泛开展乡村群众文化在线活动

乡村振兴背景下，加强群众文化建设具有十分重要的意义。乡村群众文化活动，以其得天独厚的艺术表达形式，向人民群众传播内涵丰富的乡村文化。这使得乡村群众的精神文化需求得到极大满足，文化生活质量不断提高，进而有利于国民素质的提升。随着信息技术的不断发展，乡村群众文化的线下活动形式已不能满足不同群体的多样化需求。新时期，必须坚持政府主导、统筹兼顾、多方参与、创新发展的原则，积极开展乡村群众文化在线活动。

一、基层文化队伍的数字化培训

农村文化干部是农村文化建设的主力军，是乡村公共数字文化的人力资源基础。因此要培养农村文化骨干，加强对他们的培训与引导，充分发挥农村文化骨干的带动作用。每年定期开设相应次数的农村文化培训班，通过分级培训的方式，有重点地进行培训，不断提升相关从业人员的思想水平和业务素质。随着数字化、信息化和全球化的不断发展，应当将信息技术与基层文化队伍的培训结合起来，培养一支具备高技术素质和过硬专业知识的人才队伍，进一步加强乡村公共数字文化建设。

基层文化队伍的数字化培训是一项长期的工程，各地要积极争取地方党政领导的重视和支持，确保地方财政资金足额按时到位，并做好经费管理和使用。鼓励社会力量进行投资，逐步形成以政府投入为主、社会多渠道筹资为辅的投入格局。应不断创新管理格局，完善各部门协调的管理机制，加强各有关部门的责任分工、协调与合作，鼓励纵横联合的区域进行经验交流，推动基层文化队伍数字化培训的顺利推进。

（一）正确选择培训内容，推广在线培训

2021 年 7 月，中央网信办、农业农村部等印发的《数字乡村建设指南 1.0》指出，“依托农村党员干部现代远程教育网络等教育平台，面向基层干部提供数字乡村业务知识和数字技能培训，使其具备利用信息化手段履行岗位职责的能力。”基层文化队伍的建设是实现乡村公共文化数字化的重要一环。对于培训主题的选择，应结合 2016 年 12 月由第十二届全国人民代表大会常务委员会第二十五次会议通过的《中华人民共和国公共文化服务保障法》与 2021 年 6 月文化和旅游部印发

的《“十四五”公共文化服务体系建设规划》，通过现代数字化的技术设备，建立线上的云培训平台，将直播授课、视频回放、在线提问等功能融合在一起。具体培训的内容应包括对基层公共数字文化服务工作内涵的解读和相关法律法规的研究。

（二）挖掘乡土文化人才，塑造文化能人

2021 年 6 月，文化和旅游部印发的关于《“十四五”公共文化服务体系建设规划》指出，要“加大中西部人才支持力度。吸纳村干部、社团文化骨干、退休教师和文化干部等参与基层文化设施的日常运行管理。支持建设公共文化一流专业智库，形成专业过硬、结构合理的公共文化政策研究和咨询专家梯队。推动将公共文化管理纳入学科体系，依托国内重点高校、科研院所，培养高水平公共文化服务管理人才。”骨干人才的挖掘与培养，对于基层文化队伍的建设具有十分重要的作用。要拓宽视野，把社会工作者、志愿者作为乡村公共文化服务人才队伍建设的有机组成部分，力争培养一支爱农村、爱农民的乡村公共文化服务工作队伍，切实做好人才配置工作，以适应乡村公共数字文化服务体系建设的需要。

（三）鼓励乡村自办文化，扩充人才队伍

乡村群众自办文化能够满足各年龄段农民的多层次文化需求。乡村群众自办文化不仅丰富了乡村群众文化活动的内容，也为基层文化队伍的建设和培育奠定了基础。因此，应鼓励乡村群众创新自办活动，积极创作具有乡村文化内涵、符合时代特征的活动。新时期乡村群众自办文化的主要形式有农村文化大院、文艺演出团体、农民文化活动室等。在发展过程中，要以文化站、农民自办文化户为基地，不断巩固、充实、提高农村业余文化队伍，积极开展群众文化在线活动，以普遍

性、经常性的群众文化活动，促成农民自办活动的更大规模与更高档次。同时，对通过此类方式脱颖而出的基层文化人才，应做到及时吸纳和培训，不断充实农村公共文化服务队伍。

二、群众体育活动的数字化参与

我国政府对“全民健身”十分重视，“十三五”至今的历年政府工作报告中多次提及“全民健身”这一主题词。2016 年“倡导全民健身新时尚”；2017 年“广泛开展全民健身，使更多人享受运动快乐、拥有健康体魄”；2018 年“多渠道增加全民健身场所和设施”；2019 年“人民群众身心健康，社会就充满活力，国家就繁荣兴旺”；2020 年“倡导全民健身和全民阅读，使全社会充满活力、向上向善”；2021 年“完善全民健身公共服务体系”；2022 年“促进全民健身蔚然成风”。随着全民健身国家战略的深入实施，人民群众通过健身促进健康的热情日益高涨，健康中国和体育强国建设迈出新步伐。新时期，将数字化手段与乡村群众体育活动相结合，全力打造更高水平的全民健身公共体育服务体系，延伸公共体育服务的触角，在线上广泛开展乡村群众喜闻乐见和便捷参与的“云体育”活动，有助于促进乡村群众身心健康，满足乡村群众对于美好生活的新期待。

[典型案例]

陕西省镇巴县：“数字乡村＋健康”探索与实践

镇巴县地处大巴山腹地，位于陕西省南端，汉中市东南隅，境内万山重叠，山势陡峻，沟壑纵横，自然条件较差。近年来，镇巴县针对各医疗卫生机构间信息共享不充分、医疗协作难开展、便民惠民不到位、综合管理不便捷等突出问题，充分考虑未来发展趋势，打造镇巴县“横向到边、纵向到底”的医疗卫生体系，充分运用大数据，推动“数字乡村＋健康”发展。

整合系统资源，为全民健康提供有力保障。近年来，镇巴县积极推进全民健康信息化工作，建成了覆盖全县医疗卫生机构的信息网络，建立了涵盖区域 HIS、公共卫生服务、妇幼保健、计划免疫等为主要内容的全民健康信息平台，实现了电子化办公，工作效率和业务能力得到明显提高，医疗服务更加规范，群众看病就医更加便捷。

开发签约系统，实现签约服务智能化。自主研发了信息管理系统，家庭医生在开展签约服务随访过程中，通过手机 App 实时上传随访服务内容，实现了家庭医生签约服务动态化、可视化管理，进一步提升了家庭医生服务效率和质量。同时，将全民健康信息平台与第三方短信平台绑定，让家庭医生更方便地了解掌握签约服务对象的实时动态，及时开展签约服务随访工作。

开展远程医疗，让群众就医更有获得感。依托县级医疗卫生单位建立了远程医学教育培训、区域影像、检验、心电、远程会诊中心，为部分基层医疗卫生机构配备了 CT、CR、DR 和彩超等设备，有效解决了基层技术薄弱和边远群众看病难、治病难等问题。

赋能“互联网 +”，实现公共卫生无纸化。以公共卫生服务系统为基础，取消纸质表单记录，实行电子化管理 12 项 31 种；实现了居民健康档案向个人开放，居民可通过网站、公众号等载体，进行个人健康档案、就诊、公共卫生服务、检验检查等信息查询。

截至 2020 年，全县县级公立医院门诊、住院人次稳步增加，

2所县级医院平均住院日连续3年呈下降趋势。县域内就诊率测算达到91.5%，基层就诊率达到60%。

（资料来源：《陕西省镇巴县："数字乡村+健康"探索与实践》，《数字乡村建设指南1.0》。）

（一）体育赛事"云进行"

传承和发展民间传统体育，广泛开展形式多样的群众性体育活动。应发挥各体育社会组织的作用，一改体育赛事传统的举办模式，通过各类现代数字化手段将相关活动数据同步至线上云端"云进行"，营造浓厚的体育运动氛围。设计微信小程序活动入口，实时更新体育活动报名人数、进展情况等信息，在活动进行过程中开放线上观看和讨论入口，乡村群众通过小程序不仅可以了解体育活动的相关信息还可以看到自己的用户信息，通过互联网连线以及直播摄像头的插入，提升大众的参与感和新鲜感。目前，体育赛事的数字化参与人员多以年轻一代为主，在之后的发展过程当中，基层政府应不断创新更便捷的交流平台，完善相关机制，以吸引不同年龄群体的村民参与其中，让比赛更大众化、更具趣味性。

（二）体育健身"云直播"

体育健身的"云直播""云课堂"正在全面改写健身行业的运营逻辑。2022年3月，抖音发布的《抖音运动健身报告》显示，截至2021年12月7日，粉丝过万的运动健身创作者超6万名，2021年运动健身创作者数同比增长39%，健身类主播涨粉同比增加208%。线上健身使得人们拥有更自由的健身时间，也可以带动家庭成员一起参与，拥有不一样的云健身体验。中国线上健身市场未来有广阔的发展空间，其广大的用户群体中就包含乡村农民。各基层政府应当通过各种新媒体平台以及现代数字化的手段，把相关的视频向全社会进行推广，以更好地服务全民健身。要高效运营地方微信公众平台，结合地方特色推出相应的科普视频，力求视频内容质量更优、更接地气、更符合乡村群众的需求。

（三）体育健康“云医院”

2022 年 1 月，中央网信办、农业农村部等印发的《数字乡村发展行动计划（2022—2025 年）》指出,要“推进‘互联网 + 医疗健康’……建立覆盖县级医院的远程医疗专网，规范信息技术标准、通信资源、居民健康档案数据存储和使用规则。构建远程医疗协同体系，逐步实现医疗机构间电子病历、检查检验结果共享。”体育健康“云医院”是数字赋能全民健康的一个生动体现。通过现代数字技术与乡村群众的体育健康有效结合，探索搭建乡村群众健康数字平台，打造运动健康一体化新载体，为体育健康的发展提供有力的数字技术支撑。从而，使得乡村群众能够通过正规的新媒体平台，获取到有价值的科学健身指导。结合国家政策及现有案例，基层政府应当结合当地的实际情况，借助大数据平台，将当地村民的具体信息进行统计和管理，紧盯其运动、体检、随检、诊疗等健康管理的各个环节，开启基层“大健康”工程，使乡村群众的健康保障更加智能化。

[典型案例]

苏州“运动云医院”互联网平台开通

运动云医院是由客户、专家和管理三个平台组成，客户平台接受咨询，专家平台提供咨询服务，管理平台连接客户与专家有效互动，提供运动康复信息服务，帮助用户建立个人档案，有效扩大和利用资源，线上线下相结合。据统计，运动损伤的发病率高达10%，而预防与治疗的投入比是1∶8。“运动云医院”平台的建立有利于预防运动损伤、降低损伤发生率和运动损伤的科学治疗与康复。“运动云医院”汇聚了运动医学专家的临床经验，用户可以在平台上提出问题，运动医学专家会给予正确的、科学的指导。

苏州的“运动云医院”项目已运行多年，由苏州市卫计委（现卫健委）、苏州市体育局和苏州大学体育学院三方合作的“运动云医院”正式开通。通过“互联网+”创新服务举措，用户在手机上登录App，就能实现“云挂号”、“云问诊”、“云处方”等多种功能，还能获得免费健身指导服务，为体育爱好者开启了就诊新模式。在线下医院也设立了相应的科学健身指导门诊，为大众开具运动处方。同时还创立了医院科普版的公众号，结合国外权威论文与相关资料，向公众普及科学的健身方法。此外，苏州已建成国家级体质监测与运动健身指导站，成立苏州体育运动与赛事医疗保障指导中心，组建专家服务团和社会体育指导团，为大众带来了极大的福利。

（资料来源：《苏州“运动云医院”互联网平台开通》，苏州大学体育学院网。）

二、文化志愿服务的数字化开展

秉承“开放、创新、共享、协作”理念，把握一体化、全方位、制度重塑、数字赋能的改革特征，聚焦基层文化志愿服务领域。综合运用大数据、云计算、人脸识别等数字化技术手段，对基层党政、高校、民间组织以及其他社会资源进行整合，构建起一个线上互联、线下互动的数字化系统，从整体上推动基层文化志愿服务事业快速发展与管理质量变革，进而优化乡村文化志愿服务体系。

1. 文化志愿服务队伍的数字化管理

数字化转型的重要性不仅体现在众多的交流机会上，还能通过影响力为参与创造了新的机会，使得优化现有的参与形式成为可能。由于农村地区人口密度低、地处偏远，导致农村志愿者人数减少、活跃成员数量更少。应充分运用数字化技术，开发文化志愿服务管理系统项目。在线完成志愿者招募、审核、面试、录用、培训、岗位分配、服务记录、志愿者激励、志愿服务总结等一体化管理工作，实现志愿者在线报名、在线审核、在线培训、在线管理等多功能应用。数字技术可以使成员之间更好地建立联系，加强沟通与交流，促进信息的有效传播。

2. 文化志愿服务模式的数字化转型

2021 年 6 月，文化和旅游部印发的关于《“十四五”公共文化服务体系建设规划》指出，“构建参与广泛、形式多样、机制健全、灵活高效的文化志愿服务体系，完善文化志愿者注册招募、服务记录、管理评价和激励保障机制，加强文化志愿服务统计，提高志愿服务管理规范化水平……积极探索线上线下相结合、具有地方和行业特色的文化志愿服务工作模式和服务方式，利用数字化手段提升文化志愿服务水平。”立足新时代基层文化志愿服务发展的实际需求，以数字化手段推进乡村文化志愿服务运行体系、监管体系、协同治理体系的建设。当前，人们参与乡村公共文化志愿服务活动的动机越来越多样化，基层政府应抓住痛难点问题，通过数字工具来连接人与服务，支持文化志愿者通过多种方式在农村开展丰富多彩的文化志愿服务活动。数字化带来的免费在线服务，例如各种主题的网络研讨会、网上培训课堂、视频直播授课等，使志愿者有机会在网上进修，这有利于志愿者自身能力的提升，也有利于志愿服务组织更具灵活性，发展更长远，实现找到志愿者并留住志愿者的目标。

[典型案例]

当志愿服务遇上数字化，志愿者有了依靠

浙江省杭州市下城区建立了“下城志愿服务白名单”制度，实现了省、区、市三级志愿服务资源的打通。从此，下城的志愿服务资源不仅基于辖区内武林大妈、黄飞华爱心车队等“本土”社会组织，而且囊括了众多高校、企业、医院、志愿团体，实现了志愿服务资源持续激活、纵向贯通。

在 2019 年，下城区就利用“志愿中国”打造志愿服务的“滴滴”版，形成“群众点单、社区收单、平台发单、组织抢单”便捷服务模式；2020 年，疫情伊始，升级系统为全国首个针对社区治理服务场景的志愿信息交互管理平台；现在，下城区志愿服务“青小二”平台发布了志愿服务实时风险监控功能，掀开“数治”志愿服务新篇章，产生“管理员非用不可、志愿者爱不释手、志愿服务有力有效”的良好效应。

人性化的管理模式更能留住志愿者。下城区依托“青小二”志愿服务平台建立的风险提示和预防机制。志愿者在平台签到

之后将会收到天气预报提醒，此外对于超过60岁的老人参与志愿服务报名，平台一旦审核通过活动报名申请，会发送两条短信，一条提醒志愿者注意安全，另一条告知志愿者的第一联系人，精准管控风险。

（资料来源：《当志愿服务遇上数字化，志愿者有了依靠》，澎湃新闻。）

四、农村文化市场的数字化监管

农村文化市场为乡村群众提供了多样化的文化服务和资源，丰富了乡村群众的文化生活，对发展农村精神文明、推进基层公共文化建设有着举足轻重的作用。党的十九大报告提出了乡村振兴战略以及“产业兴旺、生态宜居、乡风文明、治理有效、生活富裕”的总要求。近年来，随着乡村文化的不断建设，国家层面出台了多项扶持政策，助推农村文化市场向好发展。农村文化市场在迎来发展机遇的同时也存在一些不足，因此要改变传统的监管模式，积极发挥数字引擎作用，科学配置文化资源，规范农村文化市场，推动农村文化市场的转型升级。

（一）建立健全评估体系，以评促管

农村文化市场的经营者大多是农民出身，文化程度及综合素质参差不齐，在经营方向上以追求个人利益为主，忽视社会效益，小农意识强，法制观念较为淡薄。有的甚至置法律于不顾，面对执法检查易产生对抗情绪，暴力抗法的现象时有发生，社会影响极坏。要想管好农村文化市场，完善的评估体系是必要保障。2021年6月，文化和旅游部印发的关于《“十四五”公共文化服务体系建设规划》指出，“探

索利用大数据和数据挖掘技术补充完善公共文化服务统计监测。加强规划实施的组织、协调和督导，做好规划监测评估工作，强化规划实施的公众监督。”所以，一方面，要引导农村文化市场经营者系统学习相关法律法规，增强经营者的自我管理能力，确保合法经营、诚信经营。另一方面，推行第三方绩效评估，结合现代化数字技术建立反馈机制，引导乡村群众进行监督。在此过程中，要以乡村群众的需求为导向，对农村文化市场的定级指标体系进行动态调整。

（二）优化建强管理队伍，管建并举

近年来，随着乡村振兴战略的不断推进，农村文化市场也在不断发展和壮大，文化经营场所的有效监管需要足够的人力资源做支撑。然而，农村文化市场监管执法队伍机构不够健全，人员编制较少，专职执法人员更少，监管范围难以覆盖全面，存在监管空白，薄弱的监管力量难以有效应对庞大的文化市场监管需求。很多农村文化市场处于管理有责、执法无权的状态，导致管理不力。在监管执法的过程中，拉人情网、暴力执法、观念落后等问题仍然存在，使得农村文化市场监管执法工作难以顺利开展。管活农村文化市场，离不开强有力的监管执法队伍。应提升农村文化市场监管执法人员的专业素质和工作能力，以更好地开展日常检查、日常巡查，应对举报或者其他突发情况。在相关村落和社区全部按规范设立文化市场管理工作联络站，组建由网格长、专职网格员、兼职网格员、志愿者等共同组成的监管队伍。同时，依托数字经济产业优势，将农村文化市场的信息上报、政策宣传等任务统一纳入社会综合治理，实现信息共享、密切联动，不断完善数字化管理模式，做到靠前研判、快速处置。通过探索一体化、一站式基层文化市场监管体系场景应用，推动农村文化市场监管工作效能提升，增强乡村群众公共文化服务的获得感。

[典型案例]

数据监管，守护一方净土
浙江杭州余杭街道暑期文化市场见闻

浙江杭州余杭街道有效运用 AI、AR、5G、物联网等前沿技术，持续深化“小小扫黄打非代言人”进校园活动，开展“扫黄打非”知识宣讲与互动交流。探索“AI+IPA”数字员工“机器换人”，靠前研判、快速处置，以“扫黄打非”为小切口，探索一体化、一站式基层文化市场监管体系场景应用，实现了数据一屏展示、指标一屏分析、指挥一屏联动、治理一屏透视，街道对辖区所有工商注册登记的互联网企业和网络公司进行了全面排查、动态更新、线下跟踪，定期开展实地检查指导，并依托综合治理指挥中心“城市大脑”，将辖区内 7 家互联网企业、233 家网络公司纳入数据库管理。站在智慧治理指挥中心的大屏下，可以非常清楚地看到辖区内的角角落落和实时滚动的城市运行数据，监管效能大大提高。

近年来，街道依托人工智能小镇数字经济产业快速发展优势，综合运用 AI、AR、XR 等前沿技术，通过混合显示、交互识别、体感认知等多维叠加的智慧运用，推行“你点我播”模型交互特色体验。街道还将文化市场监管工作融入“办实事、解难题、减负担”和“民呼我为”专题实践活动，与党史学习教育紧密结合，借助直播、微博及“学习强国”平台，在“老余杭”和各村社微信公众号上，发布建党百年百幅文艺作品展览、党员志愿服务、邻里文化节等活动的宣传信息。

数字化浪潮推动着数智化的不断提升。文化市场的日常监管与群众的精神文化生活息息相关自然应给予高度重视，接下来，街道还将借助全区基层治理数字化改革升级以及“街道小脑”“乡村微脑”建设，提升文化市场监管的数智能力，守护好一方净土，让群众真正享有文化获得感和生活幸福感。

（资料来源：《数据监管，守护一方净土 浙江杭州余杭街道暑期文化市场见闻》，中国新闻网。）

第五章
同频共振：乡村文化产业发展的数字引领

2020 年 9 月 22 日，习近平总书记召开教育文化卫生体育领域专家代表座谈会时提出："要顺应数字产业化和产业数字化发展趋势，加快发展新型文化业态，改造提升传统文化业态，提高质量效益和核心竞争力。"乡村文化产业数字化，是指运用数字技术赋能乡村文创产品、文旅项目、文化品牌以及文化市场等文化产业而形成的一种新业态。数字赋能后的文化产业将发挥多重功能价值和综合带动作用，大大激发文化产业创新创造的活力，满足和提升人民群众的精神文化需求，缩小数字鸿沟，增强人民群众的参与感、获得感和幸福感，最终实现乡村产业兴旺、生态宜居、乡风文明、治理有效、生活富裕的战略目标。

第一节　乡村文创产品的云端"上市"

文化振兴是乡村全面振兴的重要内容。2018 年 9 月 21 日，习近平总书记在十九届中央政治局第八次集体学习时提出："乡村振兴是包括产业振兴、人才振兴、文化振兴、生态振兴、组织振兴的全面振兴。"2022 年的中央一号文件提出"启动实施文化产业赋能乡村振兴计划"，要求充分发挥文化产业多重功能价值和综合带动作用。文化和旅游部等六部门联合印发的《关于推动文化产业赋能乡村振兴的意见》提出文化产业赋能的重点领域包括数字文化赋能，要求“创作传播展现乡村特色文化、民间技艺、乡土风貌、田园风光、生产生活等方面的数字文化产品”“充分运用网络文学、网络表演、网络视频等产业形态……带动地域宣传推广、文创产品开发”。

文创产品是文化创意产品的简称，它是根据人类全部的精神活动与物质内容，通过不断延伸解读、打破与创造的行为过程与相关产物。文创产品由文化资源、创意转化和市场价值三大要素构成。究其本质为“文化再造品”，是基于对文化底蕴的精确解读，体现当代社会风貌及审美流行趋势。按照产品来源，文创产品主要可以划分为以下几种类型：(1) 原生产品。原生产品主要指一些以大自然中既有存在的物品为基础，通过简单处理即可出售的产品。(2) 手工产品。顾名思义就是以传统手工技艺为基础，结合现代材料技术，进行创新加工生产的产品。(3) 工业产品。主要是使用现代批量生产技术，对某一设计好的特定产品实现反复、流水线生产的产品。(4) 其他产品。文创产品不仅仅只包含了上述的几种，还存在很多其他的文创产品类别，例如地方、区域性文创产品以及由某种艺术形式衍生出来的文创产品等等。

乡村文创产品是一种既充分体现乡村地域特色文化，又兼具商品基本功能的产品。与以往常规、流水线生产的传统产品有所不同的是，乡土文化能够赋予产品更多的地方特色，使其独特的地方文化元素和文化情怀成为产品创新的关键，从而吸引更多的消费者。中国是幅员辽阔的国家，中国的乡村是一个由自然、政治、经济、文化、社会等方面组成的复合有机整体，承载着不同地域、不同民族的特色文化。根据国家统计局、国家民政局发布的数据显示，2020 年全国共有乡镇级行政区划 38741 个，其中镇 21157 个，乡 8809 个，街道办事处 8773 个；

2020 年全国行政村（社区）61.5 万多个，其中行政村 50.2 万个，社区 11.3 万个。截至 2021 年年底，全国共计有中国传统村落 6803 个；中国历史文化名镇名村合计 799 个，其中名镇 312 个，名村 487 个；中国少数民族特色村寨 1652 个。如此数量庞大却各具特色的乡村村落蕴含着具有多样性、民族性、地域性的乡村文化。而这些丰厚的乡村文化不仅成了最宝贵的资源，也构成了乡村文创产品开发的扎实基础和有利条件。

乡村文化从内容上可分为物质文化和非物质文化两个方面。物质文化包含乡村的自然风光、古镇建筑和民间工艺艺术等；非物质文化包括民风民俗、文化艺术、仪式庆典等。乡村文创产品正是挖掘乡村地方物质文化或非物质文化精髓以形成创意，有机结合不同形式的物质载体，从而让产品附上极具特色的文化增值，提升产品本身的价值。因此，优秀的乡村文创产品不仅具有实用性，更具有文化专属性和故事情感性，能够为消费者营造文化的认同感与归属感，进而极大地增强文化软实力，促使当地的文化资源在更大程度上实现价值变现，带动文化产业提质升级。

随着智能时代的来临，数字技术通过将乡村文化所蕴含的价值与技术的新形式新要素铆合起来，成了乡村文创产品变革的驱动力。其中，高速发展的云技术是其典型代表。虽然云技术拥有诸多变化形态，但究其本质，云端是一种高效率的信息处理机制，即信息在数字虚拟空间里流动、处理、转化。云端技术的顶层架构主要由云数据库、云资源池与云平台三大模块组成，数据在其中实现采集存储到操作运营的全过程流转。云数据库集成了各类终端、政府数据库与信息系统汇聚的数据，用户只需要远程操作，即可获得相关的数据资源以及沉浸式的场景转换传播；云资源池提供了数据的必要计算资源，以便用户进行提炼、推演、整合以及分析；云平台完成数据的发布、流通与共享，通过信息的“一网全览，一屏全现”，需要获取信息的用户可以利用平台便捷高效地完成操作。整个云技术体系的构成原则便是以“云”为核心，整合并重用现有的、经过稳定测试的工具与技术，以云计算为基础实现资源存储和计算能力的分布式共享，通过云平台链接起来各类主体。

云端技术有望通过提高大数据的存储规模与计算能力，提供多元数据在统一信息框架内分析的功能，以动态地管理、发布、安全支持，尽可能地对全流程建模，更新文创产品设计，创新文创产品生产，推动文创产品流通，多维共振文创产业生态。整个流程将基于规模效益和协同效应降低有关成本，在资源整合的基础上推动协同，创造性提炼、转化、发展乡村多样性、异质性、地域性的文化元素，实现产品多元化衍生，丰富文化表现形式，提升文化体验水平，助力乡村文创乘“云”快跑。

一、“上云”更新文创产品设计

设计一个文创产品，主要从设计文创产品所承载的文化内涵以及内涵的载体入手。其中，文化内涵的提炼与创新是核心，据此文创产品能够形成自己独特的文化价值。而不同风格、质量以及规格的载体形式能够为文创产品带来完全不同的新可能，以最大化传递产品信息，提高受众对产品内容的理解，增强受众的趣味性感受，满足受众的文化消费需求。

云端技术对乡村文创产品设计赋能同样需要从以上两个方面入手，其优势在于：一方面有利于推动历史文化、民族文化、民俗风情等特色乡村文化资源活态化展示、利用和融合，确保文化资源的历史原真性和风貌完整性。使设计更加富有生命力，注重环境氛围感，传达地域意蕴，彰显传统文化符号，引起文化共鸣；另一方面有利于创新载体形式，突破传统载体的逻辑与界限，整合文化资源，优化文化配置，用新兴载体讲清楚、讲透彻、讲述好乡村特色地域文化。

[典型案例]

湘绣“代言人”成新湘：让传统艺术“牵手”现代生活“出圈”

“这个笔记本外壳用湘绣绣了一只喜鹊站在树枝，寓意喜上枝头，并用纳米新技术进行防尘、防水和耐脏处理，还安装了指纹锁。”在湖南湘绣博物馆，全国人大代表、湖南省湘绣研究所湘绣生产部主任成新湘向记者介绍曾获德国红点设计大奖的《喜上枝头》湘绣文创系列产品。

成新湘是国家级非物质文化遗产代表性项目湘绣省级代表性传承人、湘绣核心技艺“鬅毛针”第四代传人。从事湘绣行业 30 余年，这位“全国劳动模范”绣制的首幅湘绣唐卡双面异绣《雪域慈悲》促进了汉藏文化交流，多幅作品走进中南海和北京人民大会堂，还培养了大批新时代年轻湘绣人才。

当选全国人大代表以来，成新湘为湘绣等非遗文化创新发展鼓与呼。每年赴京参会，这位湘绣“代言人”都会穿着最新湘绣服装，佩戴湘绣文创饰品，携带和使用湘绣文创笔记本、移动电源，以此介绍湘绣创新。“传统湘绣已走进现代生活，随处可见其文创产品。”成新湘笑言。

湘绣是中国四大名绣之一，有 2000 多年历史，在国际上享有盛誉。代表湘绣最高技艺的双面全异绣，更是被誉为“魔术般的艺术”。然而，传统艺术如何“牵手”现代生活“出圈”，是非遗文化新生的一大瓶颈。

调研、走访，善于观察的成新湘发现，新时代中国民众审美发生了变化。“‘90后’‘00后’年轻人对优秀传统文化越来越自信，爱国货、用国货、推国货，关注国潮。”她认为，湘绣“出圈”，需通过“传统文化现代化”方式创新，结合科技、艺术进行多元跨界走进现代生活。

床上用品、婚庆礼服、书签、蓝牙音响、车载香氛、背包、服饰、项链、耳钉……成新湘带领团队开发诸多和生活息息相关的湘绣文化衍生产品，成年轻人“新宠”。

“我们携手湖南省博物馆，根据马王堆出土的信期绣纹样，结合现代审美理念，定向开发马王堆刺绣纹样文创产品，成为销售爆款。”成新湘告诉记者，湘绣已撕下“高大上”“价值不菲”标签，通过既美观、实用，又亲民、平价的文创产品“活”入寻常百姓家，实现了非遗见人、见物、见生活，“还打算把十二生肖与湘绣结合做文创。”

目前，她正思考如何运用现代科技力量，大力开发数字非遗、智能非遗，助优秀传统文化新生。“今年全国两会，我会呼吁推动文博、文旅、非遗文创产品开发，以及推进非遗行业职业化建设。”成新湘表示，“非遗人”还要多创作反映时代进步和正能量的高端尖作品。

（资料来源：《湘绣“代言人”成新湘：让传统艺术“牵手”现代生活“出圈”》，中国新闻网。）

结合案例来看，抓住数字化机遇不断推动文创产品设计高质量发展是必然的趋势。当前需要在需求分析、激发创意、设计原型等文创产品设计环节，充分发挥数字技术尤其是云端技术的赋能作用，更好地盘活已有乡村文化存量，引进文化增量，整合文化资源，推动乡村文创产品创新发展。

“云端”赋能文创产品需求分析。需求分析是指借助相应的技术手段来观察、提取、分析用户的行为、偏好和意图，洞察用户的真实需求，整合为数据信息进行分析。成功的设计和创意作品往往来源于设计者对用户需求的充分理解和把握。过去,需求分析主要采用用户访谈、问卷调查、焦点小组定性研究等方法对少量的典型目标用户进行研究，以推测整体用户的偏好和需求。然而，这种模式由于存在浪费大、效率低、周期长等弊端，无法做到大量用户数据样本下的定量研究，难以满足用户的个性化需求。而云端技术的发展支持了文创产品设计者对海量用户数据进行高细粒度、可扩展、全方位地分析和归纳，以确保产品设计可以最大限度地符合用户需要。

具体而言，用户画像是数字云技术适用于需求分析的典型工具。近年来，随着数据收集方法的不断发展，使用数字技术处理海量用户数据，自动化生成用户画像，已成为热门趋势。例如，湖南的湘绣就是借助云端技术，通过在线的社交媒体或内容平台，比如微信、微博等，收集汇聚用户数据和反馈意见，自动学习社交网络上目标用户的属性及其行为偏好的数据分布，生成全新的用户数据，析出潜在的用户画像，以进一步支持湘绣文创产品个性化的设计活动。

“云端”赋能文创产品创意激发。创意激发是发掘潜在设计创意的过程。该过程可以为文创产品的造型和功能设计提供早期创意、基本构件和材料要素。但是容易产生设计思维僵化、功能性固化、忽略类比关系、关联狭隘动词等问题，而解决的关键在于为设计者提供足够丰富的设计刺激。

设计刺激是设计思路或创意的触发器或跳板，通过降低获取设计起点的认知难度、引入有用信息、快速扩展搜索范围、联结关键词等方法，能够有效促进设计创意的产生。云端技术在创意激发中的应用可分为设计刺激的检索和生成两个方面。前者主要基于数据驱动的方法，使用不同的检索算法来分析现有大数据资源库，再通过分类、筛选、组合、类比等方法获得具有启发性的刺激材料；后者则利用生成技术，通过生成全新的刺激元素和材料以触发设计者思维。

一是在设计刺激的检索上，云计算技术首先能够客观反映数字对象，保证元数据要素的质量，使得记录在云端的数字文化资源具有连续性和精确性。其次可以通过检索云环境中数字文化“虚拟资源池”，链接不同类型的文化元素，形成横向延展知识链，打破不同文化元素之间的“信息壁垒”，有效地解决“信息孤岛”问题。或者通过检核数字对象自身关涉的时空知识点，形成纵向时空知识链，汲取传统文化元素的关键要旨并将其重新激活。设计者可以从“资源池”中整理文化资源传达的逻辑理路，梳理出主题、脉络乃至意蕴，然后将其进行拆分、类比、演绎、归纳、重构，捕获创意灵感。

二是在设计刺激的生成上，云端技术能够助力乡村文化基因数字图谱的建设。文化数字基因图谱是以文化基因的物质性与信息性为载体，通过数字化信息采集，将乡村物质文化中蕴含的构图形式、图案表征、显性样态等真实完整的经典文化元素；非物质文化的题材内容、意识形态、隐性精神等深层文化内涵共同进行信息化表现，按照内在逻辑关系组合与对应，有秩序且完整地进行整合完善，在云端上记录，最终形成资源素材库。这种资源素材库的建立能够清晰展现乡村地域文化基因的内容、特性与相互关系，重构已有的文化资源，为创意的生成提供可资利用的空间。例如，在生成全新的湘绣创意图案时，可利用云端技术实现对湘绣图案的数字化集成，从而建立一个具有存储持续化、更新实时化、传输批量化的图案数据库。这既能有效记录和保存初始湘绣数据信息，也便于后期加工处理。数据库建立后可以利用机器学习技术，反复迭代，实现多标签图像分类、图像摘要、图像表达，解构、重组、演化湘绣图案。其优势在于降低图案设计的门槛，同时也节省从设计构思到实现所花费的漫长时间，使最终设计方案被人们直观感受，提出的建议反馈被迅速抓取，进而为产品生产奠定坚实基础。

“云端”赋能文创产品原型设计。原型是指能够部分或全部反映最终产品特性的产品近似品，它能够直观地展示产品的形态与功能。原型设计是一个需要历经多次迭代，从低保真到高保真的制作过程，一般可包括草绘、线框图、界面原型、功能原型、实物原型等阶段。

随着 VR、AR 等云技术的发展，虚拟原型设计成为文创设计领域中研究的一个新兴方向。设计者可借助 VR 技术在 3D 虚拟环境中进行协同设计，实现产品原型快速升级换代的目的。可视化的 VR 技术，可以直接叠加虚拟物体和实物，虚实结合设计者的触觉、视觉以及三维立体空间，进而在初级产品原型设计中建立流畅的交互关系，使设计者扩展对本质元素的认知范围，快速探索各类设计方案，实现创意维度下钻，提高设计效率。例如，最初对湘绣原型的设计手段只能搭配结合传统方式，将简单平面可视化。VR 技术介入后，多维可视化可以构建不同的产品设计布局方式，降低建构界面的工作重复率，有利于简单高效地评估、修改湘绣不足的设计，融入新的设计元素进行丰富，拟合预测用户需求，为叙事与审美提供更多维度。

云端技术尽管能够引导文创产品设计蝶变发展，但在设计过程中仍然需要重视以人为核心。在实际应用技术期间，需要做好相关工作，融合有关理念见解，不能偏离受众群体需求，以获得良好的乡村文化传播效果，提升文创产品设计价值，实现“数聚新设计，赋能新产品”。

二、“上云”创新文创产品生产

相对于城市来说，乡村文创产品在生产层面仍然停留在较为低端的水平，这主要是由于高端设备投入不足。现如今，在云端技术的赋能下，乡村传统文创产品的生产正走向数字化和智能化，其中数字化工厂及相关设备为乡村文创产品生产带来了巨大的发展优势，具体体现为以下三点。

第一，有效缩短产品生产周期。通过云端技术的支持，文创产品的全生产周期管理都可以借助软件来辅助完成。从实验、装配到后期的分析，云端技术使各类数据交互更加方便快捷，从而大大缩短时间。

第二，大幅提高产品质量。一方面，云端数据库可以通过快速的数据交叉对比，有效检查出产品中存在的缺陷，有利于不断调整生产工艺。另一方面，多模态交互技术能够有效地对产品的生命周期进行模拟，优化产品的生产流程，提高生产效率和产品质量。

第三，快速提高经济效益。主要来自两个方面：一是降低文创产品生产成本，通过应用云端技术，文创产品设计与测试均采用软件完成，从而使新产品生产使用更少的物理样本，降低了人工成本、材料成本及设备成本；二是提高市场效益，新型文创产品拥有更高的生产效率和质量，在市场中更加受欢迎，占有更多的市场份额。

云端技术赋能乡村文创产品生产的优势显而易见，具体如何赋能则成为关键。以下两个方面将成为技术创新产品生产的着力点。

（一）助力文创产品自动化生产

随着 5G 技术的普及和应用逐渐成熟，移动宽带以其传输信息稳定性高、速度快、延时低的特点，为文化资源数据库的建立和运转提供了技术支持。数据库在云端生成技术的支持下可以将信息转化，实现生产自动化。届时，信息接受和变现只需要依赖一台自动化机器操作，整个生产过程可以在互联网云端来查看以及控制，机器直接由云端发出指令生产。同时，每条生产线的生产进度、机器参数、生产结果参数等都由云端实时监控，通过读取实时数据掌握生产进度，达到平台系统自我优化的目的，进而减少人力成本投入，提高生产效率，实现操作柔性化。

（二）辅助生产者提高产品质量

某些手工文创产品由于复杂精细的制作工艺，无法完全实现自动化生产。对于这类文创产品，云端技术可以起到辅助作用。例如，物联网与5G通信等技术能上传湘绣图案设计信息至云端，云端将产品的尺寸大小、图纹风格以及样式等信息导入自动化机器，经过智能识别，机器能够精确地将图案轮廓绘制在绣布上并打印。与“绣娘”自行排版相比，云技术省去了与用户、设计者沟通不便和延时等困顿，使生产更加科学合理。打印好的湘绣半成品之后交由“绣娘”完成手工部分任务，这样“绣娘”就能将全部精力聚焦于刺绣手法和质量把控上。通过数字技术与绣娘手工艺的有效联结，湘绣产品的生产效率既得到了提高，产品品质也得到保证。

三、“上云”推动产品传播流通

如何通过数字技术扩大文创产品的影响力，推动文创产品向外流通，促进乡村多元文化价值的传承、保护、更新，是一个重要的时代课题。在文创产品影响力传播和实体流通环节，云端技术对于化解“酒香也怕巷子深”的问题具有积极作用。一方面，依托互联网云上平台的渠道和流量，文创产品品牌效应得以迅速扩展。村民能够足不出户触达千里之外的受众群体，通过实时互动，以更接地气的方式介绍文创产品内容以及品质，减少推广的中间环节，降低时空竞争成本。另一方面，直播电商等云平台通过与智能物流系统结合，打破了单一闭塞的流通渠道，有利于让优质的文创产品走出去。如此，文创产品内循环得以打通，所承载的地域性文化也被广而熟知。

[典型案例]

湖南湘绣博物馆“线上复工”两万网友“云逛展”买文创

2020 年 3 月 27 日，湖南湘绣博物馆在拼多多开启直播，带网友“云游博物馆”，并上线销售上百种博物馆特色文创产品。近两万名网友进入直播间了解湘绣传承，围观刺绣大师现场演示双面全异绣等高难度技法，足不出户享受一场文化盛宴。

古香古色的手工刺绣梳妆镜、小巧灵动的刺绣吊坠书签、大气典雅的双面绣摆件、精致文艺的刺绣手账本……各色博物馆周边文创产品在直播间与网友见面，主播不仅带网友逛展厅，详细讲解藏品，还向网友介绍了湘绣起源及技法传承。

“如果用一个字形容湘绣，我觉得是美。”晚上 7 点，湖南湘绣博物馆副馆长方菁现身直播间，带领众网友“穿越针尖之美”。她向网友介绍了湘绣博物馆的重磅藏品——双面全异绣作品《杨贵妃》：一层薄纱，两面风情，一面是“养在深闺人未识”，一面是“一朝选在君王侧”，引得网友纷纷赞叹。

随后，非遗传承人、中国刺绣艺术大师成新湘还在直播间现场演示绣制双面全异绣作品《花木兰》，网友们纷纷刷起了“太神奇了”“太厉害了，服”，为大师点赞。

疫情当前，线下展览大多仍未开放，文创产业也受到了一定影响。湖南湘绣博物馆馆务部主管熊佩介绍，该馆因改扩建闭馆4年，本打算在今年春节开馆迎客。面对疫情，不少博物馆开启“云复工”，纷纷搭起了直播间。

“直播不仅可以讲解文物和艺术品，还能销售文创产品，让消费者把艺术带回家。”熊佩说，一个直播间涌入的人数，可能是博物馆一年的人流量。直播也是培养潜在用户的一种方式，线上观展可以促进线下销售，未来也可能会成为文创产业新的游览和销售模式。疫情让博物馆变身“播物馆”，既鼓励了设计师，也增加了博物馆多元收入，有利于整个文创行业的复苏。

（资料来源：《湖南湘绣博物馆“线上复工”两万网友“云逛展”买文创》，中国新闻网。）

（一）扩大文创产品的传播范围

云端服务器的诞生可以实现信息传播与接收形式上的变革，还可以实现传播内容、场景的转换与延伸、重构。一方面，云技术利用新兴媒体渠道如：短视频、公众号、新浪微博、百度百科、直播等平台扩大对文创产品宣传、推广力度。同时，凭借5G技术提高信息传播转瞬性的优势，“场景直播”相较于过去也具备了低延时、超清晰、抗干扰等特点，文创产品宣传直播的画面质量更加出色。另一方面，在创意影像技术的支持下，文创产品的推广平台将在产品展览、演示、体验等多方面突破常规。在产品陈列展示方面，不再局限于传统的商品橱窗、墙面广告或有限的电子屏幕，线上线下互动有望拓展为沉浸式体验。特别全息投影技术的搭载，既能满足产品展示要求，又不会占用实体空间，使陈列的位置与角度更加开放，展示内容也更多元，受众对产品的详细信息一目了然，而非像过去一样陷入产品供需双方信息不对称和信息不完全的境遇。例如，以虚拟现实技术为支撑，以展示影像为载体，不仅能使受众获得身临其境的体验感，还能使他们在既有的空间内观看绣娘现场刺绣的场景，强化受众的视觉感受，增加新奇性和趣味性。

（二）推动文创产品的高效流通

云端平台能够克服传统流通效率低下、流通渠道单一、流通成本高昂的弊端。过去，文创产品的流通方式是通过纵向的多级分销渠道进行产品销售，从产品出厂到终端用户手中需要经过多级经销商分销，耗时费力，中转周期较长，大大影响流通效率。因而受众无法及时快捷地获取最新的文创产品，影响产品使用的体验感。尤其对于以非物质形态存在的民族文创产品而言，比如民歌、舞蹈、戏曲、民族工艺等，因其只能到生产制作现场购买，流通渠道显得更加狭窄且不畅通。低效、单一渠道、多环节带来成本递增的弊端使乡村文创产品的竞争力下降。为此，繁荣发展乡村文创产品市场，必须借助云端技术大力发展文化物流，运用 B2B、B2C、C2B、O2O 等流通模式扁平化流通渠道，分销文创产品，提高文创产品流通运输效率，优化常规文化物流的运行机制，降低文创产品成本，充分实现文创产品价值。

［延伸阅读］

持续实施“快递进村”工程

在县乡两级基础上进一步延伸服务网络，推进直投到村，鼓励采用邮快合作、快快合作、驻村设点、交快合作、快商合作等多种方式。建设农村邮政普遍服务惠农公共平台，推动有条件的地区建设村级寄递物流综合服务站，培育邮政服务农特产品出村进城项目和快递服务现代农业金牌项目。

（资料来源：《农村电商优化升级工程》,《数字乡村发展行动计划（2022—2025年）》。）

当前，数字技术尤其是云端技术可以对乡村文创产品制造的三个阶段赋能升级。产品设计、产品生产和产品传播流通在技术支持下形成闭环管理且环环相扣，印证了文创产品发展需要以科技为支撑产生新经济增长点，从而实现竞争优势、升级发展。

要充分认识到，衡量文化产业发展质量和水平，最重要的是看能不能提供更多既能满足人民文化需求，又能增强人民精神力量的文化产品。对此，在数字技术赋能文化产业发展的新趋势下，我们要坚定文化自信，坚持守正创新，以中国特色乡村文化为基础，提高文创产品供给水平，推动文化产业高质量发展，不断满足人民群众的精神文化需求，增强人民群众的获得感、幸福感、安全感。

第二节　乡村文旅项目的线上推介

在我国已全面建成小康社会、“三农”工作的重心转为乡村振兴的大背景下，乡村文化旅游展现出了强大的市场优势、强劲的造血功能以及带动作用，日渐成为乡村振兴的重要抓手。文化和旅游部等六部门发布了《关于推动文化产业赋能乡村振兴的意见》提出要坚持以文塑旅、以旅彰文，通过文旅融合推动文化产业赋能乡村振兴。习近平总书记也于2021年4月考察广西时提出“全面推进乡村振兴，要立足特色资源，坚持科技兴农，因地制宜发展乡村旅游、休闲农业等新产业新业态，贯通产加销，融合农文旅，推动乡村产业发展壮大，让农民更多分享产业增值收益。”

乡村文化旅游主要是指文化与旅游相融合，乡村文化产业和旅游产业彼此之间打破边界，通过要素整合，形成协调的系统性过程，驱动区域经济发展。文化与旅游之所以能够有机融合，一方面是由于旅游具有天生的文化属性。人通过旅游不仅完成了从此地向彼地的位置迁移，也实现了从故乡向异乡文化心理认知的转变，完成文化交流或文化认同。另一方面，独到丰富、沉浸其中的旅游体验，需要以鲜明的自然和文化底色来支持。乡村的物质与非物质文化遗产自然就成为旅游的核心资源。因此，文化和旅游相互联系，共同影响着人们的消费和精神需求。

总体来看，乡村文旅融合主要包括两大模式。一是“以文塑旅”，“文化 + 旅游”模式。文化可以借助旅游产品、服务体验、基础设施，体现文化价值和旅游功能。通过盘活文化古迹、建设村史馆、展览馆等有形载体，开展民俗游、节庆游等文化活动，激发游客的乡土情怀，以“乡情”“乡愁”打动游客，形成独具特色的乡村旅游文化产品，促进经济效益和社会效益的双重发展。例如，陕西关中平原的袁家村，围绕民俗游，挖掘农业生产生活中的特色地方农村文化内涵，将其贯穿乡村旅游生产消费过程中，延长了产业链和价值链。二是“以旅促文”，“旅游 + 文化”模式。旅游作为一种消费休闲活动，其要素包括吃、住、行、游、娱、购，这些消费行为和消费方式都是以文化为基础。通过在乡村旅游项目中融入历史文化、红色文化，自然文化等元素，能够充分彰显其历史价值和民族价值。例如，湖南湘西土家族苗族自治州的十八洞村，通过发展地域特色的乡村旅游，让更多人接触非遗项目湘绣所承载的传统文化。湖南省娄底市新化县水车镇的紫鹊界梯田景区依靠独特的梯田风貌，向游客传递了梯田文化和约两千年的古法农耕文化，为更多人留住了“世界远古乡愁”。

在这些火热的文旅现象背后，离不开数字技术的引领。多元复杂的数字技术之所以能够为乡村文化旅游注入新鲜活力，带动乡村旅游成为旅游产业的热点，主要是由于互联网线上技术所发挥的基础作用。一方面，互联网线上技术以其开放性、互动性、个性化的特点，吸引越来越多的人借助线上平台获取网络信息。利用网络获取信息咨询的必然性，有利于文旅项目通过相关途径进行传播；另一方面，互联网以其充裕的后台空间能够容纳长时段信息记录，保障海量的数据吞吐。如此，传递文旅信息的时空限制被打破，有利于传承和推广独特的乡村地域文化，盘活乡村旅游领域沉淀资产，推动乡村旅游亮点蝶变发展，对文化旅游产业全方位提质升级。

当前，越来越依托互联网的乡村文旅项目推介也呈现出与前网络时代的不同特征。

乡村文旅推介主体的平民化。我国庞大的网民规模为乡村文旅传播奠定了坚实的基础。乡村文旅的传播主体突破了以往官方或者旅游组织的单一传播模式，呈现平民化特点，普通网民个体的推动作用明显。各种短视频平台的开发和运用，降低了信息内容传播的门槛，“大众传播”的职业界限不再清晰。根据中国城市规划设计研究院、山里都是好风光联合发布的《2020 短视频与乡村文旅形象传播研究报告》显示，截至 2019 年 9 月，超过 90% 的抖音乡村文旅内容由普通用户创作，其次是景区餐饮购物等机构账号，占比超过 7%，媒体及政府部门创作的视频占比较低。视频达人网络博主、旅游达人、乡村致富带头人、文艺人才等一些自身极具特色的个人 IP、具有一定传播技术和意识的网民成为推动乡村文旅网络传播的重要力量。

乡村文旅推介内容的生活化。传统媒体时代，乡村文旅信息多从历史文化、风光景致、人文风情等宏观、抽象、理性的角度进行形象传播，互联网时代的文旅信息则更侧重从个性化、生活化、情节化等微观、具体、感性的角度进行传播。有的用户发布乡村旅游风光的短视频，一时间为当地旅游带来火爆人气；有的用户利用专业摄像设备拍摄乡村情景故事，收获众多网友点赞评论；有的用户通过微博分享自己的乡村生活趣事和业余爱好，吸引众多粉丝密切关注。

乡村文旅推介渠道的多元化。无论是传统主流媒体还是携程、马蜂窝、去哪儿旅游、穷游等旅游 App 以及抖音、小红书、微信公众号等互联网社交应用平台，目前都成了乡村文旅传播的重要渠道。《2020短视频与乡村文旅形象传播研究报告》显示，截至 2019 年 9 月，在抖音平台上，乡村文旅短视频内容投稿量超过了 2963 万，总播放量突破了 805 亿次，短视频平台已经成为当下传播乡村形象的新阵地。乡村文旅信息传播体现出“自媒体引爆，专业媒体跟进”的时代特征。

乡村文旅传播效果的实时化。线上平台的旅游体验分享与旅游信息推广呈现出融合趋势，这种融合强化了文旅传播效果的时效性、准确性。互联网的即时传播意味着“口碑”的迅速转化，互联网的互动性意味着深层次的情绪调配和行为刺激。网络传播手段的即时性催生了网红村、网红景区、网红景点的迅速发展，一时间，网红打卡成为游客旅游的重要推动力。

[典型案例]

“甜野男孩”丁真火了！甘孜 89 亿地方债稳了?

2020 年，一位眼里闪着清澈的光，藏族小伙子丁真从甘孜走来，成为临近年末中国社交媒体平台上的一大焦点。他在互联网上发布的一段不到10秒的自拍短视频让他本人以及身后有着优美风景的四川甘孜理塘县意外爆红网络。一直以来，四川省甘孜藏族自治州理塘县都是我国海拔最高、气候最恶劣、条件最艰苦的县区之一。受制于极端气候和恶劣的自然条件，理塘仅仅依靠发展农业脱贫致富的道路似乎困难重重。但是，高海拔一方面带来了恶劣的气候和艰苦的生活条件限制了理塘的农业发展，另一方面却带来了世外桃源般的旅游资源。理塘境内的格聂雪山，是藏区有名的神山圣地，雪山、草原、河流、寺庙，得天独厚的美景和自然旅游资源随处可见。在乡村振兴的背景下，理塘县政府在大力发展文旅产业的过程中，充分利用藏区民族文化特色，建造了仓央嘉措博物馆等基础配套文旅设施，也曾举办过骑马节、康巴汉子选美大会等文旅活动吸引游客，称得上乡村文旅探索的先行者。但是，这些项目多年来却一直未在全国范围内形成广泛影响，依靠文旅融合实现乡村振兴的道路道阻且长。如何被全国人民知晓，吸引更多游客，成为理塘文旅扶贫路径上最大的困境之一。而这种困境直到理塘迎来丁真在短视频平台的首次出圈才得以缓解。当日，百度搜索理塘资讯指数日均值达到38544次，同比增幅678%，环比增幅899%。随着全国各地官微积极造势、联动，微博平台开始逐步转变为本次事件舆论持续发酵的主场，并成功将理塘一同推上热搜。因丁真藏族背景和甘孜藏区特色而产生的“以为丁真在西藏”超话阅读量近7亿。之后，丁真在微博上发布的首条视频《丁真的世界》，是丁真首次出镜为家乡四川省甘孜州理塘县代言。通过预埋话题#丁真的世界#、#以为丁真在西藏#等持续内容沉淀，理塘的文旅形象得到了二次传播。

丁真意外走红后，甘孜州迅速宣布，至2021年2月1日期间，境内A级景区门票全免，全国各地游客蜂拥而至。随后，理塘凭借丁真爆红带来的巨大流量与热度，依靠线上短视频平台并融合微博、微信所形成的媒体矩阵，在不到半个月的时间里成了热度不亚于北上广的知名旅游城市，偶然之下完成了“线上短视频 +”乡村文旅融合创新路径的初次探索。

（资料来源：《“甜野男孩”丁真火了！甘孜89亿地方债稳了？》，新浪财经。）

丁真 + 理塘案例的背后实际是数字技术创新背景下线上平台与文旅项目的成功结合，展现出了互联网技术扩大文旅项目影响、加深人们对文旅项目认知、降低项目运营成本等优势。在“数旅兴文”的趋势下，微信、短视频等线上平台结合线下实体文旅将是乡村振兴以及文旅融合的重要渠道。

一、线上推介扩大项目影响

当前，随着互联网技术的发展，中国使用线上网络的人数在逐年递增。2022 年 2 月 25 日，中国互联网络信息中心 (CNNIC) 在京发布第 49 次《中国互联网络发展状况统计报告》。《报告》显示，截至 2021 年 12 月，我国网民规模达 10.32 亿，较 2020 年 12 月增长 4296 万，互联网普及率达 73.0%。我国农村网民规模已达 2.84 亿，农村地区互联网普及率为 57.6%，较 2020 年 12 月提升 1.7 个百分点。在如此庞大的互联网使用规模下，任何文旅项目通过在线传播都能产生过去无法造成的影响力。

不同于传统意义上文旅项目之于推广媒介造成的时滞与低影响，数字时代线上推介的最显著的优势是有多种可资利用的移动平台，发布的内容不受时间、空间限制，发布的速度直线提升。信息发布者利用不同的平台在几秒内就能将信息内容发送出去，信息在不同平台上迅速传播，关注者可以对信息进行评论或者转发，不断扩大事件的影响范围，实现即时的流量变现。具体来说，可以从以下三个方面利用互联网技术扩大文旅项目的影响力。

（一）利用多样化的推介方式

线上软文营销推介是常用的一种推介方式。当推介软文被一些大型网站报道后，知名度能够得到显著提升。在进行软文写作时，作者应从如何吸引读者、提高可读性等方面进行仔细斟酌。此时，大数据技术可以帮助作者分析有关数据，追踪数据来源，挖掘数据价值，深刻把握文旅市场主流规律，全景式提取乡村文化基因和历史文脉。之后，作者可再次利用大数据制定精准匹配的软文营销策略。这样，当用户关注文旅资讯的时候，就能通过推送链接，一键获取全方位信息。除了软文营销以外，其他的论坛推广、博客营销、微信营销、视频营销、自媒体推广等方法都能提高曝光量和知名度。在具体推介情况中选择相应渠道时，可以自由搭配以上组合，以求最大限度的实现文旅项目推介目标。

（二）打通不同线上推介平台

既要重视与中央级、省级媒体平台的乡村文旅信息互联互通，纵向利用更高平台提升当地乡村文旅传播的影响力；也要积极开通和维护本地媒体机构在不同平台上的账号内容，搭建多元网络传播矩阵，横向实现元素可链接、知识可共享、文化可感知；还要重视与基层民众自媒体平台的互动，主动介入、及时呼应、整合及引导社交媒体中出现的乡村文旅热门话题，从而构建乡村文旅推介上下联动机制。

三）激发线上裂变式传播

裂变用于形容各大名词和讨论话题在网络的传播。裂变传播的发生有其条件，并非所有话题都会产生这一反应。一般来说，裂变式传播的网络话题通常需要两个条件，一是引起公众参与，二是网红效应。首先，要想让乡村文旅项目在线上平台得到裂变传播，获得高度关注，激发公众对文旅项目的兴趣是非常重要的，而兴趣的来源可以来自内容的“不同寻常”。这主要从两个维度进行衡量：一是对于受众而言，传播内容本身是陌生、不熟悉或前所未闻的；二是传播内容本身是众所周知的，但传播主体利用新的技术载体使内容呈现出不同的视角或多样的叙事方式，变得具有新鲜感、创意感或未知感。受众捕捉到的新内容会与意识中既有的“印象”产生强烈“对比反差”，这种“记忆张力”将大大激发受众兴趣。其次，线上技术通过成熟的营销体系，能够发挥“网红效应”，吸引更多游客参与了解文旅项目，打卡网红景点，分享经验心得，带动再次宣传。

二、线上推介深化项目认知

回归文化是旅游发展的高级形态。多彩乡村地域文化资源的整合，厚重的历史文化元素的补足，为旅游产业的发展奠定了良好基础。旅游项目理当高扬文化灵魂，从历史文化到自然地理，从“绿水青山是金山银山”的理念深入人心，从依托历史底蕴拓展文化教育功效，这些都引导旅游者坚定爱国主义和文化自信。

当前，自然景观、历史遗迹、文献古籍、曲艺民俗等乡村文化资源尽管为旅游有所开发利用，但依然存在旅游项目欠缺文化内涵，游客对文旅活动、措施、服务中的文化附加值重视和了解不够，旅游过程中文化活动安排不合理等问题。为此，要想让游客在旅游过程中加深对文化的认知，让文化在旅游中发挥浸润人心的作用，推动文旅融合，就必须敢于求“新”。

恰恰能够为文旅深层次融合提供机遇的是与传统二维推介方式不同的线上网络推介。互联网技术可以将图像、文字和声音有机组合起来，传递更多、更准确的文化信息和内涵，让公众有身临其境的感受，增强对旅游项目的深层文化认知。该技术还能进一步促进非物质文化传承，使现有旅游生态获得文化要素的滋养，使游客不仅与自然对话，更能与历史对话，与优秀传统文化对话。

[典型案例]

线上线下齐头并进！张家界（澳门）旅游推介精彩纷呈

2021 年 7 月 7 日至 11 日，张家界市人民政府副市长欧阳斌率市委旅工委相关成员单位负责人、景区及旅行社代表，赴澳门参加第九届澳门国际旅游（产业）博览会，组织开展旅游推介恳谈会、走进直播间、走访大型企业等多种形式的推介活动，宣传营销张家界。第九届澳门国际旅游（产业）博览会由中国文化和旅游部、澳门特区政府旅游局主办，展场面积约为 2.3 万平方米，710 个展位，共吸引了 38 个国家和地区的近 400 家展商参展。

精心策划的张家界展台，大幅张家界石英砂岩峰林背景图耀眼夺目，《画说张家界》等宣传资料和展示的天门郡莓茶、大米界雪茶等深受关注和喜爱，前来张家界展台咨询洽谈的人络绎不绝。根据此次旅博会特点，张家界在充分利用展台展示的同时，还特别通过“云推广”“云直播”，线上线下齐头并进，更大可能更有成效展示张家界。9 日 13 时 30 分，张家界市文化旅游广电体育局局长邓剑走进本届旅博会直播平台“一直播”，与网红主播一起，以对话方式与网友互动，张家界美景、张家界莓茶深受喜爱，在线观众 9.7 万余人。澳门直播协会会长徐其蓓对走进直播间宣传推广张家界给予肯定与赞同，她表示，一定会让澳门的直播平台多多宣传推广美丽的张家界，还会组织澳门主播们前来张家界实地考察。

2020 年以来，因受新冠肺炎疫情影响，澳门客人来张家界旅游人数较少。随着疫情有效控制和疫情防控常态化，结合澳门民众对于张家界的喜爱与向往，张家界借第九届澳门国际旅游（产业）博览会充分展示张家界旅游资源的同时，与澳门旅行商、澳门企业等面对面沟通，进一步加强交流合作。

（资料来源：《线上线下齐头并进！张家界（澳门）旅游推介精彩粉呈》，红网。）

以上案例说明，充分利用线上平台挖掘并传播乡村文化旅游价值，让公众深入了解旅游项目背后的文化意涵，已经成为发挥文化教化熏陶作用的新举措。在具体实践中，线上平台可以通过以下三种途径加深公众对文旅项目的认知。

（一）构建地域性文化在线课程

乡村地域文化在历史演进中，包含着丰富多样的文化元素，适宜于以在线课程形式开展文化教育。在线课程的构建可以采用两种形式：一是网络游戏形式。其优点在于能够结合青年学习者的认知特点和兴趣爱好，将抽象的文化理念转化为具象的认知，激发学习者丰富的想象能力，提升学习传统文化的兴趣。在游戏设计上，要选择与地域文化课程相关的内容，结合当地文化故事，设计游戏角色、情节、场景和任务，制定游戏规则及目标，以便充分引导学习者在网络游戏中学习文化。二是微课形式。微课能够用更短的时间、更集中的教学内容、更有针对性地答疑让学习者接触并学习地域历史以及民俗文化。微课更适合在移动终端上使用，不仅符合了当前学习碎片化的趋势，也有利于再次分享传播。

（二）运用 VR 技术带动文化传承

VR 技术，又称为虚拟现实技术，是指通过三维建模等计算机科学相关技术实现对真实场景的模拟再现，让使用者通过一定的设备与周围环境产生交互,增强体验感与获得感。具体的展示手段包括投影沙盘、多点触摸、增强现实、全息成像、虚拟讲解员、幻影成像、多媒体故事墙、互动走廊、触摸查询演示系统、互动橱窗、4D 影院、环幕影院、虚拟漫游等。VR 技术的出现，使模拟还原乡村生活场景得以实现。在参观旅游的过程中，游客可以利用 VR 技术，在模拟场景中沉浸式感知乡村文化风貌，并与场景中的相关对象产生交互，以超视觉和触觉的体验获得高真实感，唤起对自身的共鸣以及认同。

（三）利用实时互动扩展认知

线上技术使互动交流具有低时延、分布式、非线性的特点，可以为游客提供便捷和广阔的学习空间。针对乡村文旅项目，搭建线上互动平台能够让更多游客以弹幕或者留言等形式对乡村特色文化进行实时趣味交流和互动，并使互动内容在后台保留并更新。游客在这个过程中不仅增加了文化交流参与感，还扩展了旅游视域与认知。

三、线上推介降低项目成本

过去，要想推介产生巨大影响力、深度影响人们认知的文旅项目往往需要投入巨大的人力、物质资本。相比于传统的文旅推介方式，采用线上推介能有效降低项目运行费用。尤其是当前“全域旅游”的兴起，从“吃、住、行、游、购、娱”等角度出发，移动互联网以及大数据技术能够为用户合理规划旅行线路，定制计划攻略和行程，提供相关票务，预约景区参观。这种一条龙的服务在互联互通的线上平台进行操作，能够极大地节省项目推介的成本。

降低文旅项目成本的措施可以具体分为以下两种：一是可以通过启用微信公众号平台和微信小程序、微博等及时互动平台，以发送语音信息、图片、文字、视频等形式，为广大游客提供游览路线、景点介绍、服务电话、天气预报、出行预订、惠民福利、文旅商品等方面的最新信息。二是通过可定量的市场定位技术，根据个性化的需求定制消费，添加更加多元化、精益化、更有性价比的文旅产品，突破传统推介定位只能定性地局限，减少大范围推介造成的浪费。

［典型案例］

湖南省市州新媒体联合体“湘游”频道上线！
共话智慧旅游融合发展

为促进省内全域旅游发展，全面助力文旅产业复苏，实现旅游资源与新媒体融合发展，9月26日，湖南省市州新媒体联合体全新推出的“湘游”频道正式上线运行，该频道将充分展现我省14个市州旅游资源优势，增强各市州旅游活动的推广力度，进一步提升湖南省“锦绣潇湘”旅游品牌影响力。

湖南是我国旅游资源大省，山水风光秀美奇特，历史文化底蕴深厚，民俗风情多姿多彩。湖南省市州新媒体联合体“湘游”频道以宣传推广全省 14 个市州旅游活动、旅游资源为主旨，用互动性的专题形式推送湖南各地优质文化和旅游资源，为游客提供涵盖吃、住、行、游、购、娱等旅游六要素的资讯、社交、路线等内容的一站式智慧服务，让游客尽情享受在湖南游玩的快乐。同时还将不定期发布各市州最具特色的定制化文旅活动，吸引更多旅游爱好者报名参与，打造具有湖南特色的线上文旅平台。下一步，“湘游”频道还将通过智慧服务实现高质量供给，通过智慧营销实现高品质推广，将打造成为一键订单、一码通行的“一站式”线上服务平台，为展示湖南形象、演绎文旅精彩、促进文旅消费提供平台。

（资料来源：《湖南省市州新媒体联合体“湘游”频道上线！共话智慧旅游融合发展》，永州新闻网。）

科技的力量日新月异，文化的魅力历久弥新。时至今日，线上技术赋能文旅项目的推广有利于乡村文化旅游发展的“最后一公里”得以打通，彰显传统文化旅游行业所不具备的重构力，实现乡村文旅产业吸引力和影响力的双提升。未来通过数字化战略，我国乡村文旅产业将走上一条前景可期的高质量发展之路，让群众在酣畅的文化沐浴中精神更充实、生活更幸福。

第三节　乡村文化品牌的网络营销

2021 年 3 月，习近平总书记在考察福建时强调：“坚持绿色发展方向，强化品牌意识，优化营销流通环境，打牢乡村振兴的产业基础。”2022 年，文化和旅游部等六部门联合发布的《关于推动文化产业赋能乡村振兴的意见》鼓励各地加强“中国民间文化艺术之乡”建设，塑造“一乡一品”“一乡一艺”“一乡一景”特色品牌，形成具有区域影响力的乡村文化名片，提升乡村文化建设品质。

根据马斯洛的需求层次理论，人们的需求是逐渐由低层物质需求迈向高层精神需求。随着乡村振兴带来的经济发展，人民群众生活水平越来越高。此时，乡村精神需求亟需得到满足。而文化正是满足精神需求的最佳载体。其中，发展文化产业是繁荣发展乡村文化的重要方式，而实施品牌化策略是驱动乡村文化产业高质量发展的重要手段。

乡村文化品牌的形塑构成了提升本地竞争力的重要力量，具有一定的战略地位和现实意义。品牌作为地区的标志符号之一，其功能在于展现区域特色。打造乡村品牌需要结合当地的自然环境、历史文化、人文风貌、基础设施等进行综合考量。例如，四川阿坝州塑造的九大文旅品牌“大熊猫、大雪山、大彩林、大地震遗址、大禹故里”等；江村市开弦弓村的文旅市集、广东稔村的番薯文化节；宁夏中卫的星星酒店；草原“那达慕”；广西壮锦非遗文化等，都是各地结合地域性特征所成功打响的文化品牌。

塑造成功的乡村文化品牌具有以下价值。1. 经济价值：推进乡村文化品牌建设是实现乡村文化振兴战略，助推乡村经济高质量发展的客观需要。尽管当前乡村文化产业的建设卓有成效，文化产业在乡村经济总量所占比重不断提高，但总体而言，文化品牌对乡村文化产业和经济发展的贡献力度还未充分发挥。文化品牌打造对建设现代化乡村经济体系的重大价值，在于有效发挥文化软实力的作用，推动文化与现代产业深度融合，促进经济结构调整和产业转型升级，提高文化在创新中的渗透力和可持续性。2. 人文价值：推进乡村文化品牌建设是提升乡村文化软实力和核心竞争力的重要路径。随着经济和科学技术日新月异的发展，先进文化在乡村中的地位和作用日益凸显。而这有赖于依托乡村丰富自然生态资源和深厚的历史民俗文化资源，打造独具一格的文化品牌，丰富文化意涵。3. 社会价值：推进乡村文化品牌建设是提升乡村文化软实力和核心竞争力的关键方式。随着经济和科学技术日新月异的发展，先进文化在乡村中的地位和作用日益凸显。而这有赖于依托乡村丰富自然生态资源和深厚的历史民俗文化资源，打造独具一格的文化品牌，丰富文化意涵。4. 生态价值：推进乡村文化品牌建设有助于有效保存和深入挖掘地域性文化的生态价值。中国地域的广博性给予了乡村各具特色的生态环境。从沿海渔村到江南水乡，从平原纵横到雪域高原，散落在各处的村落都充满地域特色和丰富的人文底蕴，生态环境同样成为文化品牌塑造的重要背景板。因此，推进乡村文化品牌建设不仅能够保护人文地理风貌，还能提炼总结、培植推广乡村文化中的生态文化，响应生态文明建设。

数字时代来临，利用网络手段营销乡村文化品牌已是常见之举。网络营销就是指通过互联网，利用电子信息手段开展的营销活动。网络营销模式的兴起丰富了以广告、海报、公关、促销、协商等为主要渠道的传统品牌宣传推广方式，正以其高效经济性、飞速成长性、交互沟通性等优势赋能乡村文化品牌塑造，增加其辨识度、价值感和吸引力，传播乡村特色文化意蕴，延伸乡村文化的内涵，盘活地方文化资源，破除“千村一面”的困境。

[典型案例]

《湖南文旅》杂志数字刊上线 多媒体跨平台宣传文旅事业

为湖湘文旅产业开发、湖湘文化传承及文化品牌建设提供有力支持，《湖南文旅》杂志数字刊于2020年正式上线。《湖南文旅》数字刊以纸质刊内容为基础，采用HTML5技术，将传统的纸质印刷物进行数字化开发，支持音视频等多媒体元素，并提供了便利的数据应用开放接口，实现数据实时更新，支持多设备、跨平台展示，以优质内容链接湖南省文旅厅官方网站、微信、微博以及潇湘晨报全媒体等渠道，以友好的视觉体验满足不同客户的阅读需求。《湖南文旅》杂志编辑、技术团队也将充分运用可读、可听、可看的多种新媒介形式，提升多元化宣传效果，为湖南文旅形象塑造、深化文旅融合、提升“锦绣潇湘”品牌影响力不断注入新生力量。

（资料来源：《湖南文旅》杂志数字刊上线 多媒体跨平台宣传文旅事业），红网。）

一、网络营销推广品牌特色

让乡村文化品牌放大个体在同类事物中排他性作用的，关键在于品牌特色的打造。每一个乡村因不同的历史文脉、风土人情以及地理环境等要素的组合，都能够赋予品牌别树一帜的特色。这意味着品牌特色的基底来源于文化。文化的独享性、根植性、地域性、民族性等特点让一个乡村有着与其他乡村不同的资产和内涵，不同品牌的特色挖掘正是建立在这种“独特”和“差异”之上。

现阶段，乡村特色文化品牌培育尽管取得了重要进展，但还存在不少的短板。许多乡村文化品牌依旧定位不清，文化属性不明确，特色不够清晰鲜明。品牌的塑造更多是简单提取了乡村文化元素，直接挪用城市文化产业发展模式,具有拼贴式特点。这将导致文化品质受损，文化内涵模糊，客观上造成乡村文化的再次失落。

针对现有问题，网络营销技术能够在一定程度上予以解决。通过对品牌文化识别、品牌文化传播、品牌文化落地发挥作用，数字技术能够助力乡村特色文化品牌打好“在地文化”基础。

一是助力品牌文化识别。借助数字网络技术，加强乡村的品牌文化识别度，强化乡村的形象设计。利用大数据信息资源库建立包括乡村文化的标识、术语、象征图案、广告、标准色等乡村符合理念、行为、视觉识别的设计体系。

二是助力品牌文化传播。网络营销能够利用形式各样的媒体及传播形式构建营销矩阵，创造优质内容，讲好乡村文化故事。数字媒体、智能语音等科技手段可以让文化资源变为可以参与互动、身临其境的趣味娱乐性产品，给观者带来密集的、浓厚的、多感官的刺激，增强互动体验性，从而进一步为乡村特色文化的感染力和传播力增色。

三是助力品牌文化落地。品牌文化落地意味着文化内涵得以内化，形塑原住村民的思想观念以及实际行为。通过多样化的网络营销途径，乡村文化价值观得以传播。这有利于发挥乡村文化中地方依恋的力量，建立统一的文化场，加强原住民对乡村文化发展的认可程度，理顺乡村内部人与人的关系，以共同的价值准则、行动导向推动文化良性流动。

[典型案例]

湖南：做优做强红色旅游 助力乡村振兴

文化是旅游的灵魂，旅游是文化的载体。在湖南省深入实施乡村振兴战略、建设美丽新湖南的背景下，大力弘扬红色文化基因，做优做强红色乡村旅游产业，是建设美丽新湖南的内在要求，也是走好湖南乡村振兴之路的“重要法宝”。近年来，湖南旅游业发展实现历史性突破，旅游总收入接近万亿元，红色旅游品牌形象也深入人心。但是，湖南省乡村红色文化旅游仍然存在“同质化”“低端化”“地摊化”等问题。为此，必须大力发展乡村红色文化旅游产业，用好用足红色旅游资源，培育具有地方特色的乡村红色旅游品牌，真正让当地群众受益，有力推动乡村经济社会更好发展。

深挖文化内涵，推动乡村红色旅游品牌建设。要对乡村红色文化历史的精神价值进行提炼，彰显红色文化品位。在对物质形态的红色资源保护和开发的同时，注重对非物质形态（精神形态）红色文化资源的挖掘，如红色歌曲、红色文学作品等，特别是提炼和丰富革命历史精神及内容，讲好红色故事，激发社会正能量。要丰富地方性民间文化资源和民俗风情，如民间艺术、传统工艺、民俗民居、古村落等，提升乡村红色文化旅游内涵的宝贵资源载体，发挥文化创意的引领功能，打造一批具有地方特色的红色文化村。

（资料来源：《湖南：做优做强红色旅游 助力乡村振兴》，湖南日报。）

二、网络营销打造品牌形象

促进乡村文化产业发展，需要在众多文化元素中提炼出能够传递体现当地文化价值和精神，且能够通过产业化运营的文化品牌。一切文化生产和文化消费的最终闭环都是品牌的创造和消费，也只有把文化要素、文化资源品牌化，才能把长期沉寂在各地的文化资源、人文遗产予以活化，赋予其新的形式和意义，迸发文化的全新活力，助力乡村文化振兴。

网络营销不仅能够深化品牌特色，还能够长期维护文化品牌，发挥品牌持续性影响。例如，福建省龙岩市依托抖音、美团、腾讯等平台，积极开展古田旅游区、永定土楼、连城冠豸山等 462 个旅游品牌的宣传营销活动，近三年线上专题宣传累计曝光量突破 6 亿次，吸引了更多人到龙岩旅游消费。具体而言，网络营销可以通过个性化营销、精准化营销、联动化营销等途径实现乡村文化品牌可持续发展。

（一）个性化营销

要提高乡村产品在激烈市场上的竞争水平，当地必须坚持走多样化和定制化的营销道路。在个性化发展的进程中，既要准确定位市场目标，同时要根据产业发展的状况，尽可能地适应消费者市场和发展的实际需要。具体可以运用大数据等技术，适时地创新营销服务。例如，相关企业一方面在淘宝网销售带有某文化品牌的文创产品时，可以引导受众运用自己的数据和信息资源参与产品的设计、创作。受众以参与过程的形式，可以提升对网络营销的黏度，加大对文化品牌的响应，消费购买文创产品，深入了解当地文化。另一方面企业可以通过网络平台定期发布商品详细信息、生产流程、销售动态等，针对性地吸引受众，提高个性化营销服务质量。

（二）精准化营销

在乡村文化品牌开发竞争日益激烈的背景下，为提升文化品牌营销的有效性，需要做到精准的市场定位。为实现“精准”，一方面，开发者需要综合分析受众的行为模式，构建全面反映受众特质和多层次需求的大数据分析模型。该分析模型可借助大数据技术定位、识别、判断市场环境，扩展受众信息获取的范围和角度，给出科学合理的趋势分析报告。另一方面,开发者可以运用智能算力技术分析受众的年龄、工作性质、兴趣爱好等信息，结合其消费习惯和消费模式，利用精美、文艺性的视频或动态图片，推送其品牌产品包装、活动图片、文字等内容，针对性地满足受众需求，提升营销质量。

（三）联动化营销

互联网络能以一对一的、人性化的、循序渐进的方式与受众双向交流并及时获取反馈，建立长久和谐的关系。为此企业需要打造便捷的网络营销平台，充分倾听正面和负面的声音，及时把握受众对乡村文化品牌的实际需求。这将不断吸引潜在受众了解文化品牌，提高文化品牌可信度，维护品牌方与受众之间的关系，为乡村文化品牌的维护添“智”提“质”。

三、网络营销均衡品牌发展

乡村特色文化品牌培育尽管取得了重要进展，但还存在不少的短板，比如存在乡村文化品牌区域发展不平衡、乡村文化品牌类型发展不平衡、乡村文化品牌整体发展不充分的问题。

[延伸阅读]

乡村特色品牌培育存在的短板

乡村文化品牌区域发展不平衡。具体表现为乡村文化品牌往往集中在交通便捷、文化消费繁荣、文化资源丰富、文化项目众多的区域。而偏远地区的乡村文化品牌在某种程度上受到挤压，则表现为不够成熟，欠缺一定知名度。

乡村文化品牌类型发展不平衡。目前已有的乡村文化品牌类型主要划分为公共文化服务品牌、文化企业品牌、项目载体品牌、文化产品品牌等类型，存在着严重的发展不平衡现象。公共文化服务品牌百花齐放，文化企业品牌严重滞后，项目载体品牌快速上升，文化产品品牌参差不齐。文化产品品牌中，文旅品牌发展较快，成为乡村文化产业发展的排头兵。

乡村文化品牌整体发展不充分。乡村文化资源丰富，市场发展和品牌培育的潜力巨大，但乡村文化品牌培育力度不够，品牌发展深度有待挖掘，呈现整体发展不充分的现象。这本质上源于一段时间里城乡发展不平衡造成乡村经济缺乏活力，乡村文化主体流失，文化载体缺失，文化传统断裂，文化价值被遮蔽。而且，部分文化品牌还停留在文化资源品牌层面，拥有文化知名度，但尚未上升为文化产业品牌，缺乏市场号召力。由于品牌培育和发展能力不足，文化产品和服务同质化严重，创新性不强。

（资料来源：《乡村振兴战略下四川特色文化品牌的培育和发展》，四川职业技术学院学报。）

针对以上乡村文化品牌存在的短板与不足，网络营销可以通过多平台营销和组合不同营销模式等措施给予改善。

（一）多平台营销

第一，自建文化官方网站。一般而言，专门用来做文化宣传的官方网站，发布的文化资讯、活动等具有权威性和可信度，群众的反响程度一般都比较高。文化官方网站稳定性强，各企业和政府平台都可在本地文化宣传官网这一营销渠道上进行长期推广。为此，文化网站的建立要突出当地特点，专栏宣传要别具风格，界面设计要美观大方，配合影像记录和动态图片详细介绍历史文化和风土人情。第二，微信公众号运营。微信公众平台作为高活跃度、高互动性的自媒体，具有信息传播有效性高，营销成本低的优势。若运营方式适宜，营销效果显著。第三，微博运营。通过微博可以了解各种各样的资讯，也可以自己发布信息，便捷性、互动性强。在微博营销方式上，营销内容只要与本土特色结合，且更新及时，保持更新节奏，就能吸引粉丝的眼球。同时，增加与粉丝互动、在其他文化官方号留言互动也可以增加人气。第四，旅游达人直播。旅游达人通过抖音、快手、小红书等平台，在直播间讲解当地特色文化，宣传当地特色文化品牌等，用户可以直观地了解到当地旅游风光、交通住宿、饮食习惯等情况。有的直播平台还提供直播间点击链接功能，便于直接购买旅游门票或其他旅游产品。

（二）多模式组合

探索不同营销方式组合的可能形态，特别关注以网络为主要载体的营销模式的使用，如病毒营销、数据库营销、社区营销、体验营销等。将文化品牌推广贯穿于营销传播的信息流之中，通过提供有价值、有创意、有内涵的品牌信息吸引受众注意力，加强实时互动性，实现营销宣传的提质加速。以‘数’为媒，网络营销正在重构以文化原真性为核心，以地方性知识、地方依赖、地方认同为多轮驱动的乡村文化品牌建设。虽存在诸多挑战，但技术赋能在未来仍将大有可为、必有可为，进一步推动乡村文化活态传承，提升人民幸福感、满意感，使乡村的人文资源在使用价值和情感价值的双重维度上达成和谐的可持续发展，促进乡村社会经济发展，让乡村文化产业未来有‘数’可期。

第四节　乡村文化市场的数字培育

近年来，我国乡村文化市场呈现出一派蓬勃发展的态势，代表着乡村文化产业的迅猛崛起。乡村文化市场是植根于乡村独有的地域文化而形成的，是乡镇及农村文化商品、文化服务、文化资源营销活动的场所，具有分散性和复杂性的特征。乡村文化市场的培育，可为人民群众提供精神动力，推动文化产业进一步发展，助推乡村文化振兴“落地、开花、结果”。

在5G、超级计算、传感网、AI、区块链、云计算等新兴数字技术的驱动下，一个以网络化、数字化、智能化、体验化交融为一体的文化市场日渐兴起，打破了长期以来的“数据壁垒”与“数据孤岛”。2019年，中共中央办公厅、国务院办公厅印发的《数字乡村发展战略纲要》要求“充分发挥网络、数据、技术和知识等新要素的作用，激活主体、激活要素、激活市场，不断催生乡村发展内生动力。”对于乡村地区的文化市场来说，数字技术无疑能够培育新的增长极，扩充文化市场增量，促使文化产品形态和功能日趋丰富。

一、刺激乡村文化市场消费需求

近年来我国人民生活水平不断提升，人们的消费形态逐渐从过往的以物质消费为主转化成了物质消费与文化消费并重的格局。文化消费是指“人们为了满足自己的精神文化生活而采取不同的方式来消费精神文化产品和精神文化服务的行为”。乡村文化的振兴，吸引越来越多的人关注并了解乡村特色文化，无形之中带动了对乡村文化的消费需求。例如，在辽宁、浙江、安徽等地搭建的乡镇电影平台以电影内容为核心，以文化产品为补充，通过结合当地特色的文旅资源禀赋，全方位活跃乡村文化消费市场，满足不断增长的文化消费需求。

数字技术的嵌入，带动传统乡村文化市场更新升级。许多乡村文化产品逐步从物质形态转变为数字形态；文化营销形态从销售某个知识点或知识体系转变为系统的知识库和知识领域；文化传播渠道从单向单侧转变为供求互动；文化营销手段从落后单一到灵活多变。这种转变通过长尾效应，极大地活跃了人民对乡村文化市场的消费需求，升级了消费水平。具体来说，数字技术在以下几个方面活跃市场消费需求。

（一）完善乡村流通体系

互联网技术的发展催生了电子商务流通模式，其实质是利用互联网信息技术，借助电子商务工具，运用 B2B、B2C、C2B、O2O 等流通模式进行产品分销。与传统流通模式相比，电子商务模式具有信息化程度高、交易成本低、流通效率高等诸多优势。因此，电子商务流通模式在乡村文化市场存在大有可为的空间。2021 年 3 月 15 日，农业农村部、退役军人事务部、全国妇联联合召开全国推动返乡入乡人员创业就业工作视频会议时提出，2020 年全国返乡入乡创业人员首次突破 1000 万人，比 2019 年增加 160 万人，其中，30 岁及以下返乡创业人员创业项目涉及农村电商的达到 7.7%。2021 年 1 月至 9 月，农村网络零售额实现 21321.3 亿元，同比增长 30.9%，截至 2021 年 9 月底，全国农村网商（店）已达 1640 万家。

（二）畅通文化消费渠道

数字技术所涵盖的区块链技术能为数字文化消费链条中的每位消费者提供精准消费的模式。通过微量计费，在多重签名、时间锁定交易、原子性等技术支持下，消费者只需要为实际观看或消费的文化内容支付费用，便可实现精准化消费。文化消费渠道的打通，能够有效推动文化消费市场转型升级，不断走向数字化、科学化与精准化。

（三）改善乡村文化消费环境

一方面，数字技术能够规范乡村文化市场秩序，对假冒伪劣、虚假宣传、价格欺骗等违法行为进行法律打击，畅通消费维权机制和纠纷解决机制，维护消费者的合法权益，最大程度释放乡村文化消费潜力。之所以数字技术起到了良好的规制作用，其原因在于技术赋能于传统自发秩序中的“声誉约束”。在数字时代来临之前，由于信息的传播渠道和范围有限，“声誉”的影响力相对较小。进入数字时代后，信息传播广泛，成本低廉。数字平台可以通过建立用户评论、声誉评价、信用查询和问责制度，有效收集和评估各方的“声誉”，帮助客户和消费者克服信息不对称弊端，实现市场行为规范化和标准化。另一方面，数字技术支持村民多样化、差异化、情景化的消费需求，能够培育在线消费、定制消费、体验消费、智能消费、互动消费等新型消费样态，利用“大屏”“小屏”跨屏互动开发消费新场景，为乡村文化市场的发展提质扩容，形成全新的增长点和增长极。

二、优化乡村文化市场供给模式

今天，数字技术已成为推动文化市场高质量发展的“金钥匙”。数字技术能够助力突破文化供给约束瓶颈，打通生产、分配、流通、消费各环节，进而提升供给体系的质量和水平，更好地适应、引领和创造新需求，使供给和需求相互促进，繁荣乡村文化经济发展。综合来看，把握数字化契机推动文化市场高质量发展，需要多措并举，在创新供给形式、重构供给平台、强化供给能力等领域发挥数字技术的作用，更好地实现技术对乡村文化市场带来的融合倍增效应，再现和延伸乡村文化资源。

（一）创新供给形式

包罗万象的云技术让乡村文化消费需求全方位呈现于网端，倒逼文化供给提质升级。为此，在乡村文化服务资源的加工时应用虚拟现实、立体三维、现实增强、视频识别等技术，能够创新供给形式，反哺拉动文化消费新增量，增加对消费者的吸引力。

（二）重构供给平台

嵌入数字技术的乡村文化供给平台，能够高效利用问卷调查、客户留言、网络访谈等不同方式，整合用户对乡村文化的兴趣点和关注点，并根据已有信息，形成可“永久保存、永续利用”的数据资源。此外，数字技术还能辅助平台界面设计，让界面涵盖多功能模块，保证多向度交互，切实保障用户体验到网络平台供给服务带来的迅捷。

（三）强化供给能力

数字技术通过充分发挥泛在融合等优势，能够改变传统乡村文化市场的商业模式，推动流程重构、资源要素重组、信息全面共享，进而推动文化市场的转型和供给能力的提升。首先，数字技术可以提高生产效率。数字技术通过提升传统文化产业技术能力与协调能力，加速文化市场内部的资源整合。同时，打破现有乡村文化产业之间的壁垒，利用产业之间紧密的供需关系协调重组，催生新市场、新业态。其次，数字技术可以优化资源配置。以互联网为代表的技术具有互联互通的特性，可以有效缩短中间链条，打造扁平化的交易平台，有效缓解供需关系、市场价格等信息不对称问题，实现事前合理预防、事中科学引导、事后严格监管。最后，数字技术可以提高创新能力。目前新一代数字技术迅速崛起，大数据的出现使高端存储领域发生创新性变革，云计算拓展了高性能计算的发展样态，虚拟技术展现出高度的内容承载、真实场景再现与跨界延展能力，人工智能也全面提升了传感感知的技术能力。这些先进技术的应用，极大程度改善了乡村文化市场供给水平。

[典型案例]

张艺谋担任总导演《最忆韶山冲》盛大首演
三湘印象打造“红旅”项目新样板

韶山，是伟人的故里，更是中国革命的初心之地。百年来，流淌在血液里的红色基因，在这里被代代相传，在奋进中淬炼、在拼搏中升华。由观印象出品《最忆韶山冲》正是一部关于红色记忆的缩影，以“文化＋科技”赋能红色文旅，强化文化与旅游深度融合，为韶山再添闪亮的旅游新名片。

以创新的“诗音光影画卷”形式，激活红色文化持续生命力。整个演出采用诗词和歌曲的形式展现伟人的成长经历、革命历程，共分为日出韶山、乡水情、求索、秋歌、等待、十送红军、遵义霞光、长征、换了人间、最忆韶山冲10个部分。从“天下兴亡、匹夫有责”的初心萌发到救国救民的实际行动，从个人前途命运的探索到实现“中国人民站起来”的梦想，生动演绎乡音与乡情的亘古不变，深切感知信仰与奋斗的初心与使命。

《最忆韶山冲》项目以科技感、现代化、先锋性的艺术表现手法，使游客成为历史事件的“亲历者”，追寻先辈足迹，触摸历史脉搏，让历史“活”起来，更“火”起来。通过演艺为游客带来耳目一新的红色旅游体验，引发年轻一代更深层次的感触和共鸣。

随着三湘印象旗下观印象出品的《印象·太极》和《最忆韶山冲》两大精品项目的相继落地，沉浸式演艺项目“爆款”频现，将有望成为文旅演艺行业的消费新宠，为公司高质量、可持续发展迸发出强劲增长的新动能。

此外，围绕“IP 智造、IP 衍生、IP 运营”的发展思路，公司在谋求高科技、数字化、多元化的文旅创新产品发展的道路上，前瞻布局“文旅＋科技”“文旅＋演艺”“文旅＋剧本杀”等多业态的沉浸式文旅产品。坚持推陈出新，引入高清影像系统、虚拟及增强现实、裸眼 3D、全息投影等科技手段，为旗下旅游演艺产品迭代升级提供“硬核”支撑，加速构建新引擎、新生态，有望助推国内旅游演艺行业的新发展。

（资料来源：《张艺谋担任总导演《最忆韶山冲》盛大首演 三湘印象打造“红旅”项目新 样板》，新浪网。）

三、提升乡村文化市场主体活力

现代乡村文化市场治理要素日益增多，仅依赖单一的文化市场主体已然无法应对，运用数字技术培育多元化文化市场主体是必然选择。文化和旅游等六部门印发的《关于推动文化产业赋能乡村振兴的意见》鼓励“文化和旅游领域智库、研究机构、行业协会及各类公益组织、公益基金等主体积极参与文化产业赋能乡村振兴工作”。目前，数字技术辅助培育能力已然得到肯定，如何激发文化市场主体活力？需要多维度发力、协同推进。

（一）激活市场主体存量

数字技术以其挖掘、保护、整理当地文化资源的便捷性，为市场主体快速吸收转化提供契机，从而激发更多主体自觉参与、自发创作、自主传播乡村文化。数字技术能够提高文化市场的配套优势和要素比较优势，提升文化产业链价值链韧性，为市场主体实现协同配套降成本、交互融合拓市场、资源共享提能力创造有利条件。

（二）优化市场主体增量

利用多样化的数字技术开展诸如提高文化市场主体素质的培训，开展专业知识宣讲。以文创产品设计人员为例，应该利用数字技术帮助他们了解到目前市场的现状与前景，加深对乡村文化深层次内涵的认知。设计思维的更新迭代将有助于他们把一些简单初级产品开发成为精细复杂的深加工产品。

（三）提升市场主体质量

利用数字技术为市场主体创造更好的发展环境。数字化的便捷性有利于定期对市场主体情况进行评估测度，通过智能监管系统提前预判与精准掌控文化市场主体情况，加强文化市场主体信用体系建设，保障良好的合作和信任关系，维持市场秩序的纯洁性和公正性，保证市场衔接的稳定。

未来，随着高速、泛在、安全的数字技术展开羽翼，优质文化资源以数字技术为载体在乡村全面覆盖，乡村文化市场发展将迎来更好的机遇，乡村居民将获得更加精准化的服务和更为便捷化的生活体验。就乡村文化产业的发展而言，要准确识变，认清数字技术发展新趋势；科学应变，找准数字技术发展新机遇；主动求变，开拓数字技术发展新局面，打造数字文化产业新优势。但是，需要值得注意的是，数字时代的技术创新要高度体现乡村文化市场体系“以人为本”的理念。从文化产业的社会意义来看，创造“以人为本”的美好文化生活始终是健全现代文化市场体系的最终诉求。数字技术的工具牵引在前，文化产业背后更应注重主体“人”的文化精神、价值观念的社会渗透性、社会舆论性与精神引领性。

参考文献

1.《习近平谈治国理政》第一卷，外文出版社 2018 年版。

2.《习近平谈治国理政》第三卷，外文出版社 2020 年版。

3.《习近平谈治国理政》第四卷，外文出版社 2022 年版。

4.《习近平总书记系列讲话重要读本》，学习出版社 2016 年版。

5.《习近平新时代中国特色社会主义思想三十讲》，学习出版社 2018 年版。

6.《中共中央国务院关于实施乡村振兴战略的意见》，人民出版社 2018 年版。

7.《十八大大以来重要文献选编》（中），中共中央文献研究室 2016 年版。

8.《十八大大以来重要文献选编》（下），中共中央文献研究室 2018 年版。

9.《习近平新时代中国特色社会主义思想学习纲要》，人民出版社 2019 年版。

10.《习近平关于社会主义文化建设论述摘编》，中央文献出版社

2017 年版。

11.《习近平总书记在文艺工作座谈会上的重要讲话学习读本》，学习出版社 2015 年版。

12.《习近平总书记关于“三农”工作论述摘编》，中央文献出版社 2019 年版。

13.《数字乡村发展战略纲要》，人民出版社 2019 年版。

14. 习近平 :《在教育文化体育领域专家代表座谈会上的讲话》，人民出版社 2020 年版。

15. 中央党校采访实录编辑室 :《习近平七年知青岁月》，中共中央党校出版社 2017 年版。

16. 习近平 :《之江新语》，浙江人民出版社 2007 年版。

17. 中共中央文献研究室 :《习近平关于科技创新论述摘编》，中央文献出版社 2016 年版。

18. 联合国粮食及农业组织编著，张龙豹等译 :《农业和农村地区的数字技术现状报告》，中国农业出版社 2021 年版。

19. 王猛 :《乡村公共数字文化服务能力提升策略研究》，中国社会科学出版社 2021 年版。

20. 郭顺义，杨子真等 :《数字乡村 : 数字经济时代的农业农村发展新范式》，人民邮电出版社 2021 年版。

后　记

党的十八大以来，习近平总书记高度重视乡村文化建设，就乡村文化建设提出了一系列富有创见的新思想新观点新要求，为中国特色社会主义乡村文化振兴道路指明了前进方向。以党的十九大精神为引领，党中央、国务院统筹谋划乡村振兴战略，科学推进乡村文化发展，制定并实施了一系列有关乡村文化建设的政策制度，新时代的乡村文化振兴事业日益稳步发展。在统筹推进“五位一体”总体布局、全面实施乡村振兴战略的时代背景下，乡村文化振兴是一项具有长期性和系统性的复杂工程。这就要求我们不仅要着眼宏观，注重谋篇布局，加强统一决策部署和顶层规划设计；还应着手微观，善于寻找支点，重视现实进路探索和基础力量撑持。数字技术的快速发展与应用普及为乡村文化振兴带来了新契机，在数字乡村战略的实施推动下，数字赋能全面加速新时代乡村文化的发展与振兴。《2022年数字乡村发展工作要点》明确指出，要“构建适应城乡融合发展的数字治理体系，不断推动乡村振兴取得新进展”“繁荣发展乡村数字文化”。数字技术与乡村文化的碰撞、对接与融合，将在乡村社会的道德文明风尚培育、优秀传统文化传播、公共文化生活丰富和数字文化产业升级等方面绽放出夺目光彩，有力助推乡村文化繁荣发展。乡村文化振兴是加强社会主义精神文明建设、实现第二个百年奋斗目标的重要任务，当前数字乡村建设正处在全面布局的关键阶段，本书系统探讨数字技术如何赋能乡村文化繁荣发展，旨在为推动农业全面升级、农村全面进步、农民全面发展，实现乡村全面振兴提供有益参考。

本书由谭九生教授、赵友华博士拟定提纲、统稿、定稿。具体分工如下：第一章：赵友华；第二章：谭九生、陈亚飞；第三章：胡健雄；第四章：谭九生、赵一飞；第五章：李旸。

由于时间仓促和研究水平所限，书中错讹、疏漏和失当之处在所难免，敬祈各位专家学者和读者批评指正。

作 者

2022 年 7 月

图书在版编目（CIP）数据

数字赋能乡村文化繁荣发展 / 谭九生，赵友华著
. -- 湘潭 : 湘潭大学出版社，2022.9
ISBN 978-7-5687-0870-8

Ⅰ. ①数… Ⅱ. ①谭… ②赵… Ⅲ. ①数字技术一应用一农村文化一文化事业一研究一中国 Ⅳ. ①G127-39

中国版本图书馆 CIP 数据核字（2022）第 163342 号

数字赋能乡村文化繁荣发展

SHUZI FUNENG XIANGCUN WENHUA FANRONG FAZHAN

谭九生 赵友华 著

责任编辑：张宝香
封面设计：李 平
出版发行：湘潭大学出版社
社 址：湖南省湘潭大学工程训练大楼
电 话：0731-58298960 0731-58298966（传真）
邮 编：411105
网 址：http://press.xtu.edu.cn/
印 刷：长沙鸿发印务实业有限公司
经 销：湖南省新华书店
开 本：710 mm×1000 mm 1/16
印 张：13.5
字 数：200 千字
版 次：2022 年 9 月第 1 版
印 次：2022 年 9 月第 1 次印刷
书 号：ISBN 978-7-5687-0870-8
定 价：88.00 元